INTRODUCTION

MALRAUX AU DOMAINE DES OMBRES

> « *Toute œuvre d'art se crée pour satis-*
> *faire un besoin* [...]. *Puis le besoin se*
> *retire de l'œuvre comme le sang d'un*
> *corps, et l'œuvre commence sa mysté-*
> *rieuse transfiguration. Elle entre au*
> *domaine des ombres.* »   (p. 1265[1])

UN QUART de siècle après la disparition de son auteur, l'œuvre d'André Malraux resurgit du « purgatoire littéraire », période d'indifférence à laquelle un public inconstant voue les écrivains disparus. L'homme a fini par s'éloigner de nous, victime de cette lassitude qui succède immanquablement aux oraisons funèbres dédiées aux défunts illustres. Consacrant avec éclat la reconnaissance officielle de l'écrivain, la cérémonie que le président Jacques Chirac a organisée pour célébrer le transfert de ses cendres au Panthéon fut pour Malraux à titre posthume une navrante « réception à l'Académie ». La postérité reconnaîtra-t-elle un jour en Malraux un immortel révolté de la littérature moderne ?

Les années ont passé, mais nous avons encore du mal à arrêter notre jugement sur l'écrivain. Malraux fut-il révolutionnaire ou réactionnaire ? Révolté ou penseur conformiste ? Bourgeois ou gauchiste ? Aventurier, dilettante ou vedette ? Sans doute a-t-il mérité tour à tour chacun de ces qualificatifs, et parfois même plusieurs simultanément. Comme Walt Whitman dans *Feuilles d'herbe*, il aurait pu demander avec une feinte candeur et un sourire de malice secrète :

Est-ce que je me contredis ?
Très bien alors, je me contredis,
(Je suis vaste, je contiens des multitudes.)

En effet, un certain recul permet tout au moins de distinguer l'action politique du rôle de l'écrivain engagé. L'action de l'intellectuel, si engagé soit-il, ne se prête évidemment pas aux mêmes critiques que celle de l'homme politique. Car la position de l'artiste ou de l'intellectuel n'est pas assimilable à celle de l'homme politique, pour qui vaut moins l'aspect éthique que le souci d'efficacité, de même que l'homme d'État doit tenir compte de la raison d'État tout en craignant d'encourir la censure de la morale que peut brandir l'intellectuel. Le devoir du clerc est absolu alors que l'homme politique n'a qu'à « faire comme si ». Malraux l'avait exprimé dialectiquement dans *L'Espoir* en faisant dire à Pradas qu'on ne fait pas la politique *avec* de la morale et en faisant répondre à Garcia qu'on ne la fait pas non plus *sans*.

La première partie de la présente étude s'attache ainsi à cerner la notion de l'Histoire qui sous-tend l'évolution de l'action et de la pensée politique de Malraux et à la confronter avec la pensée marxiste. La suite analyse la conception malrucienne de la culture, en ce qui concerne les rapports entre l'artiste et le pouvoir politique, puis entre la conscience artistique et la vie sociale.

Les romans engagés sont traditionnellement considérés comme le legs immortel de Malraux. Je soutiendrais volontiers pour ma part que son vrai héritage est l'œuvre sur l'art plastique, ou encore les *Antimémoires* et leur suite. Cela ne veut pas dire que sa critique littéraire soit négligeable, ni que ses écrits polémiques n'aient pas fait date... Je n'ai pu, ni voulu me borner à un corpus limité. Il pourrait paraître erroné de mettre sur le même plan romans, discours, interviews, préfaces, essais... Les textes politiques proprement dits de Malraux sont fort peu nombreux. La vision lacunaire qu'ils donnent de la conscience politique de notre auteur nous invite à recourir à l'ensemble de son œuvre, si hétérogène soit-elle, pour étoffer le personnage politique. Cette

Hector McGILLIVRAY

Malraux
et la révolte irrationnelle
politique, histoire et culture

lettres modernes minard
PARIS - CAEN
2000

SIGLES ET ABRÉVIATIONS

ÉDITIONS UTILISÉES

ML   *Le Miroir des limbes* (Paris, Gallimard, « Bibl. de la Pléiade », 1976).

Œ, I...   *Œuvres complètes* (Paris, Gallimard, « Bibl. de la Pléiade ». T. I : 1989, t. II : 1996, t. III : 1996).

R   *Romans* (Paris, Gallimard, « Bibl. de la Pléiade », 1947).

USUELS

AM1...   *André Malraux 1* etc. (livraisons de la Série *André Malraux* de la collection « La Revue des lettres modernes »).

Toute citation formellement textuelle (avec sa référence) se présente soit hors texte, en caractère romain compact, soit dans le corps du texte en *italique* entre guillemets, les soulignés du texte d'origine étant rendus par l'alternance romain / *italique* ; mais seuls les mots en PETITES CAPITALES y sont soulignés par l'auteur de l'étude.

À l'intérieur d'un même paragraphe, les séries continues de références à une même source sont allégées du sigle commun initial et réduites à la seule numérotation ; par ailleurs les références consécutives identiques ne sont pas répétées à l'intérieur de ce paragraphe.

Le signe * devant une séquence atteste l'écart typographique du texte édité (*italiques* isolées du contexte non cité, PETITES CAPITALES propres au texte cité, interférences possibles avec des sigles de l'étude) ou la restitution * [entre crochets] d'un texte existant mais non édité sous cette forme : document sonore (dialogues de films, émissions radiophoniques...) ; état typographique (redistribution de calligrammes, rébus, montage, découpage...) ; état manuscrit (forme en attente, alternative, option non résolue, avec ou sans description génétique).

T 1002009737

justification vient en partie de Malraux lui-même, car il ne disait pas autre chose en déclarant à Michel Droit : « *En définitive, je n'ai jamais écrit un roman pour écrire un roman. J'ai poursuivi une sorte de méditation ininterrompue qui a pris des formes successives, dont celle de romans. Mais les histoires, cela m'était un peu égal.* »[2].

C'est précisément pour retracer le cheminement de cette méditation que je me suis servi de l'ensemble des écrits et des déclarations de l'écrivain.

remerciements

Qu'il me soit permis d'exprimer ici toute ma gratitude à

M. *Walter Pollard,*
professeur émérite à l'Université d'Auckland (Nouvelle-Zélande),
qui a bien voulu me guider dans les recherches ;

et à M. Gérard Levano,
traducteur à la Commission des Communautés européennes,
pour l'aide qu'il m'a apportée en acceptant de relire
et de corriger le manuscrit.

I

L'ÉVOLUTION DE LA CONSCIENCE POLITIQUE DE MALRAUX

> *El sueño de la razón produce monstruos*
> (Titre d'une gravure des *Caprichos* de Goya)

1. LES RUSES DE L'HISTOIRE.

Par trois fois au moins depuis la Deuxième Guerre mondiale, Malraux a trahi, aux yeux de la gauche, les engagements de sa jeunesse : d'abord en 1945, lorsqu'il passa de l'alliance *de facto* avec les communistes au soutien actif apporté au général de Gaulle et au R.P.F. ; ensuite en cautionnant, par sa présence au gouvernement du Général et par son mutisme à ce sujet, certains excès de l'armée française pendant la guerre d'Algérie ; enfin et surtout en 1968 en restant au gouvernement, ce qui aux yeux des révoltés le plaçait manifestement, par rapport à sa jeunesse, du mauvais côté des barricades.

Il se défendit avec force contre la première de ces accusations. Dans son « Adresse aux intellectuels », prononcée le 5 mars 1948 à la salle Pleyel, il lança ces propos à l'intention de l'intelligentsia française :

[...] il est arrivé à André Gide et à moi-même d'être sollicités de porter à Hitler les pétitions de protestation contre la condamnation de Dimitrov, innocent de l'incendie du Reichstag. [...] Lorsque maintenant Dimitrov au pouvoir fait pendre Petkov innocent, qui est-ce qui a changé ? Gide et moi, ou Dimitrov ?   (Œ, I, 281)

La réponse ne faisait pas de doute, on l'imagine aisément, au début de la guerre froide ; elle risque cependant d'occulter l'abandon par Malraux de certaines de ses positions. Il sera forcé de l'admettre trente ans plus tard : « *Il y a une partie de vrai à constater un profond décalage entre la pensée de ma jeunesse et ma pensée actuelle. Seulement, je pense que des facteurs extérieurs d'une énorme importance historique ont joué.* » (p. 91[3]).

Ces facteurs, catalyseurs de prises de conscience nouvelles, seront évoqués plus loin.

Au cours d'un entretien enregistré en 1973, Malraux résuma dans les termes suivants sa relation d'homme d'action avec la politique et l'Histoire :

> Pour moi, la politique n'a jamais existé. Ce qui existe, c'est l'Histoire. Je me suis trouvé dans la politique parce qu'elle est le moyen de l'Histoire, il n'y en a pas d'autre. Mais une politique sans Histoire n'a aucun intérêt. [...] Mon action politique a été liée à la Révolution, puis à la Nation, à la Résistance et au général de Gaulle ; politique, connais pas.   (p. 81[4])

En ce qui concerne sa vie politique, sinon toute sa vision du monde, Malraux s'en remettait explicitement à sa conception de l'Histoire ; il serait donc souhaitable d'en tenir compte[5]. Mais, au lieu d'éclairer cette conception, les propos précités la rendent encore plus obscure. L'*Histoire* ne saurait être ici entendue dans l'acception courante, car l'opposition entre l'Histoire et la politique n'aurait alors aucun sens. Dans les écrits de Malraux, l'idée de l'Histoire est bien près de se confondre avec le *destin*, terme qu'on y rencontre sans cesse. C'est en vain qu'on chercherait à préciser la notion du Destin, puissance informe et sardonique qui se joue des espérances humaines. En revanche, il est possible de définir avec plus de précision la conception historique, qui s'est brisée contre l'écueil de la politique du siècle, laissant apercevoir la forme du Destin malrucien.

Carlo Antoni explique la naissance de l'historisme par opposition à l'idée du progrès, si importante dans le mouvement des Lumières[6]. Les philosophes du XVIIIe siècle croyaient fermement que le développement de la raison assurerait le progrès de l'humanité. Le Destin, dieu aveugle des Anciens, faisait ainsi place à la lumière de la Raison. Et puis ce fut la réaction, illustrée par les travaux des historiographes anglais ; Burke commenta dans la perspective que l'on connaît la Révolution française. Au culte de l'Être Suprême succéda le sacre de l'Empereur. Par la suite, l'historisme passa au camp progressiste (synthèse entre Raison et Histoire proclamée par Hegel, exploitée par Marx). D'où l'«astuce de la raison», qui remonte à la Providence de Vico, et à la thèse des libertins selon laquelle les vices individuels se transforment au niveau collectif en bienfaits publics (p. 37[6]). À la différence de Hegel, toutefois, Marx ne devait jamais abandonner l'espoir millénariste qui animait le XVIIIᵉ siècle :

> Deux âmes débattaient en son sein, l'une qui s'inspirait de l'historisme et l'autre du droit naturel. La coexistence des deux éléments a pu dégager une immense force révolutionnaire, comme ce fut le cas pour la doctrine de Rousseau, mais elle n'en constituait pas moins une contradiction latente, qui devait se manifester une fois ou l'autre. En effet, toute l'histoire du marxisme jusqu'à nos jours est travaillée par ce dualisme, qui se reflète d'ailleurs dans la pratique politique, où l'on voit d'une part l'attente réformiste, l'action évolutionniste de la social-démocratie, et de l'autre l'action violente, révolutionnaire, la conquête du pouvoir, la dictature.   (p. 107[6])

Or, dans l'esprit de Malraux, cet espoir incarné successivement par les Révolutions russe, chinoise et indochinoise, est mort ; les forces obscures de l'Histoire ont pris leur revanche sur la Raison. La notion hégélienne d'une synthèse Histoire-Raison se désagrège en deux pôles opposés ; l'Histoire revient à la fatalité des forces aveugles. Elle n'a pas de fin rationnelle ; pour influer sur elle, il faut dominer ces forces existentielles ou se condamner à en être le jouet. Déjà chez Marx, une telle notion affleure, et on a souvent remarqué combien il est difficile de concilier le principe de l'inéluctabilité de la Révolution socialiste, déduite des «lois objectives de l'Histoire», avec le volontarisme prôné par le coauteur du *Manifeste du Parti communiste*.

Dans les lignes citées du livre de Guy Suarès, *Nation* représente une de ces forces obscures, irrationnelles, mais réelles, alors que *Révolution* évoque l'espoir illusoire d'un but social que les hommes peuvent espérer atteindre par la raison. Malraux traduisit le titre d'une gravure de Goya que j'ai mis en épigraphe de ce chapitre : « *Le sommeil de la raison produit les monstres* »[7]. Mais *sueño* veut aussi dire « rêve », et dans le livre cité d'Antoni, la traduction est bien plus expressive : « *Les songes de la raison engendrent des monstres.* » (p. 61[6]). La conception malrucienne de l'Histoire refoule toute ombre de l'espoir marxiste dans le progrès, par un divorce radical entre Histoire et Raison.

En accord avec sa réaction contre la conception hégélienne de l'Histoire, Malraux s'y référera uniquement comme à un champ vidé de sa composante rationnelle. Aussi l'ombre de Staline s'adresse au Petit Père des peuples : « *Te souviens-tu de ce que notre maître Hegel nommait les ruses de l'Histoire ?* » (p. III[8]). Or il s'agissait en fait de la ruse de la Raison, l'Histoire n'étant que le cadre de sa réalisation[9]. Ainsi selon la notion malrucienne, l'Histoire ne se soucie pas de la Raison ; elle atteindra sans doute son but, mais ce but ne correspondra pas nécessairement à une finalité humaine. Les hommes se sauveront non pas *par* l'Histoire, mais *contre* elle.

Malraux se réfère, dans sa pensée politique et culturelle, à l'Histoire, notion voisine du Destin ; il s'inscrit en faux contre l'Espoir progressiste que véhicule depuis deux siècles l'historisme occidental ; et il défend la conception d'une Histoire menée par des forces obscures et aveugles contre lesquelles les tentatives des hommes sont *a priori* vouées à l'échec. Malraux est donc moins antimarxiste qu'antiprogressiste, en ce qu'il oppose à l'idée que l'Histoire est le champ de réalisation d'une évolution positive de l'homme, une tout autre conception de l'Histoire, indifférente, sinon hostile, aux efforts humains. Jeanne Delhomme décrit dans des termes assez semblables le monde de Malraux : « [...] *la vie universelle, la vie totale est inconsciente et muette ; indifférente à la naissance et à la mort, indifférente à l'homme, elle continue sans autre signification que de continuer.* » (p. 16[10]), et encore :

[...] l'action historique est donc et ne peut être qu'un échec ; Garine et Kyo sont vaincus, parce que le mécanisme d'*une* histoire ne tient pas compte de ceux qui veulent orienter *l'*histoire et la fonder en intelligibilité ; comme le cosmique et le biologique, l'historique est aveugle, discontinu, incohérent, *inhumain* [...].   (p. 23[10])

La conception malrucienne de la culture est, par conséquent, obscure, renfermant des idées qui se révèlent foncièrement contradictoires. Le corollaire de cet argument est que Malraux trouve signification et valeurs humaines seulement dans l'action menée pour infléchir le cours de l'Histoire, ainsi que dans l'art, conçu comme antidestin.

Le « phénomène Malraux » se présentait depuis les années Trente non pas simplement comme l'égarement d'un romancier dans la politique, mais comme un enjeu publicitaire qui dépassait de loin le cas Malraux et ses revirements les plus spectaculaires. Le personnage finit par devenir une force d'appoint politique considérable, sous trois républiques, avant comme après la guerre, pour et contre l'alliance communiste. Qu'il soit opportuniste ou fidèle à lui-même, Malraux, acteur politique, n'en est que plus fascinant.

La querelle provoquée en 1945 par le « virage à droite » de l'ex-compagnon de route éclipsa longtemps la question de savoir si oui ou non Malraux fut jamais marxiste à proprement parler. La revue *Esprit* braqua les phares en octobre 1948 sur le cas Malraux ; Borkenau (pp. 242-7[11]) et Burnham[12] trouvèrent édifiant son exemple ; Wilkinson, Mossuz et Langlois se penchèrent sur des aspects particuliers. Après Payne, Lacouture publia en 1973 une biographie exhaustive[13], dans laquelle il nia en s'appuyant sur des arguments solides que Malraux eût été marxiste à quelque époque que ce fût.

Depuis Lacouture, reste-t-il des choses neuves à dire en ce domaine ? Les quelques menus motifs d'intervention de Malraux sur la scène politique après 1973 ne justifient sans doute pas une mise en question des conclusions du biographe. C'est ainsi que je me suis plutôt intéressé aux prises de position de Malraux premièrement à l'égard de la question coloniale et dans un

11

second temps à l'égard du sentiment national.

Avec plus de quarante ans de recul, Malraux isolera comme élément de continuité de sa vie politique son opposition au colonialisme :

> « Et il y a un autre élément qui a trait à ma propre psychologie, à savoir que mon engagement en faveur de la révolution découlait de l'Indochine. Autrement dit, l'élément absolument crucial de ma vie réside dans mon anticolonialisme...
>
> J'ai été ministre d'un gouvernement qui a mis fin au colonialisme français. Et à l'âge de vingt ans, le colonialisme était mon ennemi n° 1. »
>
> (p. 49[14])

D'après ce plaidoyer *pro domo*, Malraux se défend contre l'accusation d'avoir « lâché » les communistes en soulignant la permanence de son sentiment anticolonialiste. Mais a-t-il été, comme il le prétend, réellement et constamment anticolonialiste ? Y a-t-il véritablement continuité entre un « anticolonialisme » de la jeunesse et un « indépendantisme » de l'âge mûr ? Telles sont les questions auxquelles je m'efforcerai de répondre en passant en revue les étapes de l'évolution malrucienne.

2. L'ENTRE-DEUX-GUERRES, OU L'APPRENTISSAGE DE L'HISTOIRE.

le réformateur libéral et l'Asie 1925–1935

Le premier état de l'évolution de la conscience politique de Malraux est illustré par ses articles parus dans les journaux *L'Indochine* et *L'Indochine enchaînée* et annexés à l'ouvrage de Walter G. Langlois[15]. Cette collaboration à des quotidiens malchanceux et l'action politique qu'elle implique forcent l'admiration. Le jeune métropolitain s'est lancé avec une fougue remarquable dans la contestation d'un pouvoir colonial des plus corrompus, à en croire ses articles et l'étude de Langlois. Cette activité lui a permis de réfléchir sur le problème de l'État dans un pays colonisé.

La conception de l'État qui apparaît à la lecture de ces articles est étroitement liée aux idées libérales sur l'État de droit. Cette conception, qui est loin de constituer un défi au système colonial en tant que tel, s'oppose formellement à la notion marxiste de l'État, que Lénine résume ainsi :

> L'État est le produit et la manifestation de ce fait que les contradictions de classes sont *inconciliables*. L'État surgit là, au moment et dans la mesure où, objectivement, les contradictions de classes *ne peuvent* être conciliées. Et inversement : l'existence de l'État prouve que les contradictions de classes sont inconciliables. [...]
>
> Selon Marx, l'État est un organisme de *domination* de classe, un organisme d'*oppression* d'une classe par l'autre ; c'est la création d'un « ordre » qui légalise et affermit cette oppression en modérant le conflit des classes.[16]

Si l'État chez Marx instaure dans le droit la domination de classe, il joue dans la conception plus lockienne de Malraux un rôle de modérateur de conflits, qui tend à atténuer la domination de classe. Aussi l'écrivain, dans ces articles, dresse-t-il bien un réquisitoire contre le gouvernement local, mais en assimilant les conséquences de son action — spoliation des paysans en matière foncière, non-respect des libertés individuelles, etc. — à des abus qui malgré tout ne remettent pas en cause le principe de l'État colonial. Les territoires qu'il cite en exemple ne sont pas des pays indépendants, mais des colonies devenues départements d'outre-mer. La liberté revendiquée pour les Indochinois est celle qui découle de l'acceptation par la France des colonisés en tant que citoyens français à part entière, « *pour faire de l'Annam une nation libre où deux peuples vivent sur un pied d'égalité — comme aux Indes françaises, comme aux Antilles* » (cité pp. 307-8[15]).

En accord avec une conception qui dissocie la finalité de l'État impérialiste et les conséquences de son administration coloniale, Malraux se fait le défenseur des droits économiques des colonisateurs :

Les Français ne sont pas venus ici pour civiliser, mais pour gagner de l'argent *par leur travail*. Il n'y a là rien qui doive être caché.
Il importe que ces droits acquis légitimement soient sauvegardés.

(cité p. 308[15])

Le journaliste ne cesse de dénoncer ce qu'il conçoit comme une collusion abusive entre administration locale et groupements financiers, tare consubstantielle à l'État impérialiste. Évidente dans les colonies commerciales britanniques régies par des sociétés privées (Compagnie des Indes, British South Africa Company, etc.), cette réalité est dissimulée sous l'idéologie étatique si forte en France, que Malraux cependant partage :

Toutes les injustices, toutes les exactions, toutes les fariboles qui ont transformé les provinces en royaumes moïs ou empapahoutas ont la même origine ; certains groupes financiers et commerçants d'Indochine sont devenus plus puissants que le Gouvernement local. Celui-ci, au lieu d'être un médiateur entre ces groupes et la population, fait cause commune avec les premiers. (cité p. 318[15])

L'analyse de ce déséquilibre dévoile la conception de l'État chez Malraux dans les années Vingt. En Indochine, le système est faussé en premier lieu par les manquements de l'administration locale, dont le rôle est de veiller au respect d'un contrat social tacite. Pour rétablir l'équilibre, il suffirait, à son sens, que l'administration exerçât avec une sévérité accrue sa fonction d'arbitre. Mais l'avidité des commerçants et des entrepreneurs, d'une part, et la démission de l'administration, d'autre part, ont tout gâché. Par conséquent, les Indochinois voient leurs droits et leurs libertés bafoués, ils sont spoliés par la politique foncière. Outre l'atteinte aux principes de l'État de droit, cette situation est dangereuse, car elle ne peut manquer à plus ou moins longue échéance de provoquer une révolte contre le pouvoir colonial français. C'est ainsi qu'en empêchant les jeunes Indochinois de se rendre en France, les autorités coloniales se préparent un avenir troublé, hypothèse que Malraux évoque en tant qu'éventualité à prévenir par une politique prudente d'assimilation culturelle : c'est précisément le jeune Indochinois à l'âme bien trempée, réussissant à partir en dépit des tracasseries administratives, qui provoquera la révolte. En fait, les autorités mettent en péril le projet colonial en s'aliénant le jeune colonisé assoiffé de culture occidentale, alors que c'est « *sur lui que nous devons appuyer notre colonisation* » (cité p. 315[15]). Or, bien qu'ils n'eussent rien d'incendiaire, les articles de *L'Indochine* et de *L'Indochine enchaînée* suffirent, Langlois l'a bien montré, pour que l'administration mît tout en branle afin de faire cesser les activités journalistiques de leurs auteurs.

Les articles de Malraux, si on les examine sous l'angle des difficultés créées par l'administration pour entraver l'action des journalistes contestataires, frappent surtout par leur modération à l'égard du système étatique établi. Le principe de l'autorité coloniale n'y est jamais mis en cause. Malraux conseille aux Annamites de créer un pouvoir en se mobilisant par des grèves, conçues comme un argument social plutôt que comme un contre-pouvoir politique, afin de mettre en valeur leur travail et de rétablir l'équilibre en faveur des colonisés sans viser le renversement du régime. En revanche, les attaques contre les individus sont féroces. Et pourtant Malraux se défend d'en vouloir aux individus. Il manifeste son soutien au système colonial, jugé respectueux de l'État de droit ; ce qu'il condamne, ce sont les vestiges de l'arbitraire inhérent à la conquête (qu'il tient pour acquis), comme si la conquête n'avait pas pour but d'instaurer précisément ce rapport de forces-là :

Nos attaques ne visent pas tel ou tel administrateur, nécessairement irresponsable du caractère général d'actes qu'il accomplit par ordre supérieur. Ils visent la lente évolution grâce à laquelle la force qui, dès la fin de la conquête, s'est trouvée succéder à la force militaire, a continué d'appliquer ses lois *et de manifester son esprit*, alors que rien ne pouvait, plus que cet esprit, être nuisible au développement économique du pays. Ce rôle déplorable s'est accentué le jour où, aux commerçants ou négociants venus, eux aussi, à l'époque de la conquête ou à celle qui la suivit immédiatement (et qui avaient un esprit de décision et de violence suffisant pour tenir en échec ceux qui s'opposaient à eux), ont succédé des commerçants beaucoup plus pacifiques, et qui n'ont jamais osé marquer la moindre résistance.

(cité pp. 309-10[15])

Cet exposé de la situation coloniale fait fi des raisons profondes qui lient système d'État et rapports de production. Concevoir les étapes successives de l'instauration du colonialisme comme des périodes cloisonnées, c'est méconnaître lesdites raisons et réduire l'Histoire à une série d'épisodes.

Pour sa part, Malraux se propose de mobiliser l'opinion publique française : « *Nous allons faire appel à l'ensemble de tous ceux qui, comme vous, souffrent.* [...] *Il faut que nous fassions appel* [*au peuple français*], *par le discours, par la réunion, par le journal, par le tract.* » (p. 328[15]).

Pour peu que Malraux eût conformé son action à ce discours — et il n'en a rien fait — cela n'aurait pas signifié une opposition au colonialisme en tant que tel. Par cette contestation relevant plutôt des bons sentiments, Malraux et ses confrères ne cessent d'occulter les contradictions profondes entre les intérêts respectifs des colonisateurs et des colonisés.

Au fond, tout en s'ouvrant aux revendications sociales des classes désavantagées, Malraux œuvre pour consolider l'appartenance de l'Indochine à la France. Il considère les Indochinois comme étant des habitants d'une province lointaine de l'Empire, en attendant une intégration dans la Cité par un Caracalla moderne qui accorderait la citoyenneté à l'ensemble des populations libres des provinces. À l'instar de la Convention, qui a octroyé en avril 1794 à tous les habitants des colonies françaises d'alors les droits du citoyen français, le Parlement national est appelé à renforcer, en le fondant en justice, l'empire colonial de la France. Ignorant l'Octobre Rouge, Malraux, en 1925 à Saïgon, attend l'aube de la Révolution bourgeoise nationale.

Il n'est pour s'en convaincre que d'écouter Malraux, s'adressant à Méry vers 1965, dans cette citation des *Antimémoires* :

Nguyên Ai Quoc écrivait : *La France est un grand pays libéral qui n'exporte pas son libéralisme.* Et que voulions-nous alors, les uns et les autres, sinon obtenir pour les Indochinois les droits des Français ? Nous voulions d'abord faire sérieusement 1789, dans un pays qui ne l'avait pas fait. Comme Sun Yat-sen. (*ML*, 341)

16

Or si l'Histoire devait ratifier le caractère nationaliste de la révolution vietnamienne, la vision malrucienne de l'Indochine française nous semble aujourd'hui bien utopique.

Lorsque l'on considère la position de Malraux sur la question coloniale en Indochine dix ans plus tard, au beau milieu de ce que la critique a coutume d'appeler sa « période communisante », c'est surtout la continuité qui frappe. Sa conception, à l'analyse, se révèle assise sur les mêmes fondements, si bien que le titre de « réformateur libéral » lui convient toujours. C'est ainsi que dans sa préface à *Indochine S.O.S.* d'Andrée Viollis[17] sur des atrocités commises en Indochine coloniale, Malraux réaffirme sa confiance en l'efficacité des contrôles démocratiques métropolitains pour justifier l'œuvre colonisatrice de la France. Son argumentation, assortie d'un distinguo subtil entre le principe de la colonisation et les faits, ressemble beaucoup à une apologie et ne fait guère penser à un Malraux anticolonialiste :

J'entends bien qu'on peut choisir d'autres faits. Mais ils ne s'opposent pas à ceux-ci. Un reporter nationaliste devra voir d'abord que ces atrocités ne sont nullement la rançon de l'œuvre française qu'il défend, et que les faits qui nous sont donnés ici interdisent la confusion entre la nécessité d'une colonisation, même si on l'accepte, et les sottises qui se réclament d'elle. L'Indochine est loin : ça permet d'entendre mal les cris qu'on y pousse. Mais l'autorité présente de la France là-bas, comme de toute démocratie, est dans sa puissance de contrôle. (p. IX[17])

Fidèle à l'attitude libérale qui était la sienne depuis déjà dix ans, Malraux préconise en 1935 une action équilibrante de l'État qui doit ramener à leur juste mesure les influences des divers membres métropolitains et coloniaux d'un corps social unique, sinon uni : *« Car le jeu des entreprises coloniales, et de l'administration qui dépend d'elles, consiste à revendiquer pour l'action qu'elles exercent sur les indigènes la rigueur que l'État devrait exercer sur elles, et que précisément elles lui refusent. »* (pp. IX-X[17]). Critiquable à certains égards, cette assimilation de la question coloniale à une discussion sur l'État de droit écarte les justifications les plus outrées de la conquête coloniale. Malraux rejette explicitement le prétexte d'une « mission civilisatrice » de la France : *« Ceux qui, en réponse aux questions d'Andrée Viollis prétendent fonder la colonisation en justice, oublient que le missionnaire des léproseries n'est admirable que dans la mesure précise où il n'est pas la justification du trafiquant. » (p. x[17]).

Dans un discours prononcé le 4 novembre 1935 au Palais de la Mutualité, Malraux rejette d'autres justifications du colonialisme et, notamment, la « civilisation » de l'Abyssinie par les troupes de Mussolini (p. 63[18]). Il réfute l'assimilation de *civilisation* à *européanisation* (autrement dit la maîtrise de la technologie), notamment en soulignant que les pays qui « s'européanisent » le plus vite ne sont précisément pas les colonies. L'expédient qui consiste à diviser l'occidentalisation en deux aspects distincts, à savoir technologie et culture, était sans doute le moyen le plus efficace de réduire à néant les arguments de ses adversaires. Ainsi, ou bien l'avance technique de l'Occident ne confère à ce dernier que le droit au juste salaire et aucun droit politique, ou bien le travail confère le droit politique, ce qui impliquerait des soviets en France. Le droit de conquête est une contradiction dans les termes, car si la force n'a pas besoin d'être justifiée pour vaincre, le droit sans justification ne saurait avoir raison du fait : « *Nulle civilisation, blanche, noire, jaune, ne commençait avec le guerrier; elle commençait quand le légiste ou le prêtre s'occupait de civiliser le guerrier; elle commençait quand l'argument avait droit contre le fait.* » (p. 64[18]).

Par ce raisonnement très classique, la justification de la colonisation par la force revient à ôter toute signification à la distinction entre *force* et *droit*. Hypothèse acceptable, mais cette argumentation rousseauiste conduit Malraux finalement à méconnaître, dans son analyse de l'inégalité sociale, des enseignements plus récents sur l'échange inégal[19]. En concevant la conquête comme un événement ponctuel, en faisant abstraction des rapports de production qu'elle instaure, Malraux parvient à ramener la question coloniale sur l'unique plan des droits, et à ne poser le problème qu'en termes d'échange : *« Il est trop

évident que dans le domaine de la liberté, il n'y pas de colonisation du tout ; et que dans celui du fait, le problème de la
colonisation n'est pas un problème de force, mais un problème
d'échange. » (p. x[17]).

L'aveu est lourd de conséquences. Refusant de voir dans le
colonialisme en même temps un problème de force et un
problème d'échange, l'un conditionnant l'autre, Malraux risque
de se retrouver plus tard en compagnie de ceux qu'il croit
combattre.

Le personnage de l'aventurier, dont le profil se dégage de *La
Voie royale*, le roman correspondant à l'époque indochinoise,
n'est pas sans rapport avec les idées politiques de Malraux
pendant cette période. Perken qui cherche à fonder un royaume,
condamné à terme par l'arrivée imminente des Européens et des
Siamois, armés des mêmes techniques qui ont permis à l'aventurier de s'imposer chez les Moïs, est tout compte fait un héros
impérialiste, si nuancée que soit sa position personnelle à l'égard
de son rôle historique objectif. L'auteur admettait en 1967 cette
interprétation dans une remarquable critique de l'aventurier :

En gros, l'aventurier, c'est souvent l'aventurier dans les autres pays et
l'aventurier en Asie c'est le type qui dispose des moyens de l'Europe
pour trouver une force que les Asiatiques n'ont pas. De même quand il
a suffi d'une petite unité militaire européenne pour battre l'armée chinoise ; il est bien entendu qu'il y avait l'Occident, victorieux d'avance
et, par conséquent, au bout du compte, le colonialisme. À partir du
moment où il n'a plus été évident du tout qu'une armée européenne serait
victorieuse au Vietnam, il est bien entendu que les choses avaient complètement changé.[20]

Perken n'est pas une création originale, et les modèles, tels que
Mayrena, Brooke et Lord Jim, abondent. Est-ce mal comprendre
la dimension politique de *La Voie royale* que d'y voir le portrait
d'un aventurier qui se rend compte qu'il n'est, malgré tous ses
efforts, qu'un instrument au service de la volonté impérialiste de
ses ennemis, qui sont aussi ses semblables, eux-mêmes portés en
avant, peut-être à leur insu, par une vague de l'Histoire ? Au-delà

du destin individuel de Perken, qui affronte la douleur et la mort, se dessine le destin à l'ère coloniale des petits États du tiers monde. Ce schéma était en tout cas familier à Malraux, et on le retrouve dans les propos suivants tenus en 1945 :

> Je ne crois nullement à une « fatalité » des civilisations. [...] Vous connaissez l'anecdote anglaise dans laquelle Hitler, à la paix, apparaît devant Roosevelt, Churchill et Staline, qui à la réflexion s'aperçoivent qu'il a accru ou renouvelé leur puissance. À quoi Hitler, arrachant d'un coup sa moustache et sa mèche avec le geste de Charlot et montrant son vrai visage : « Colonel Lawrence, Messieurs », salue et sort. (p. 6[21])

Lorsque Malraux quitte l'Indochine pour la France, ne répond-il pas à la même impulsion que Garine prenant la résolution de se rendre en Angleterre puisque la « *vie est là* » (R, 161) ? Conscient que le mouvement de l'Histoire s'accomplira aussi bien avec que sans lui, Malraux-Garine cherche à vivre consciemment le destin, à défaut de pouvoir l'infléchir. En 1925 il sent sourdement le destin nationaliste de l'Asie, et il se dirige vers l'Europe et sa propre destinée. Tout comme Perken, impuissant devant l'inévitable victoire de la colonne siamoise, obtenue grâce aux armes occidentales, Garine entend passer le destin au rythme des pas de l'armée du Kuo-min-tang qui entre à Canton : l'ère des aventuriers est close.

Alors que l'Indochine apparaissait à l'observateur comme une partie intégrante de l'Empire français, la Chine d'avant la Deuxième Guerre mondiale n'avait que l'apparence d'une nation libre. Les positions de Malraux vis-à-vis de la Chine, notamment dans ses débats avec Trotsky, montrent une continuité nette avec les idées qui marquent la période indochinoise.

En résumé, ce qui opposait Trotsky et Malraux dans la discussion autour des *Conquérants* était la question de savoir si le Parti communiste chinois aurait dû s'aligner ou non sur la politique du Komintern, c'est-à-dire l'alliance de la bourgeoisie nationale et du prolétariat. Malraux a pu ainsi déclarer à la réunion de l'Union pour la Vérité le 8 juin 1929 :

> *Les Conquérants* ne sont pas une apologie de la révolution comme telle,

mais décrivent une alliance. Il y a dans ce livre deux éléments complètement différents. Un élément bolchevik représenté par Borodine, par un groupe d'hommes qui ont une conception nette de l'idéal révolutionnaire. Cet idéal est lié à une doctrine historique, qui est le marxisme ; et ces hommes agissent en fonction d'une idée de parti, qu'ils ont été obligés d'infléchir à plusieurs reprises, pour pouvoir l'appliquer à la Chine. D'autre part, Garine et les siens. (*Œ*, I, 289)

Faisons abstraction pour le moment de l'opposition entre Garine et Borodine. Malraux, romancier, écrit le livre de cette alliance. Alliance « contre nature » aux yeux de Trotsky, ce que l'Histoire confirmera par ailleurs : le massacre des militants communistes par les troupes de Tchang Kaï-chek sera le sujet de *La Condition humaine*. Or, pour revenir aux *Conquérants* et au premier Acte de la Révolution chinoise, Malraux décrit comment la cible de l'action révolutionnaire est choisie : « *Où trouver le besoin le plus profond des masses ? Depuis six ans, l'Internationale a donné à cette question des réponses successives ; en 1925, une passion générale simplifie beaucoup le problème : la haine de l'Angleterre.* » (*Œ*, I, 310).

Il s'agit donc d'un but qui correspond parfaitement aux aspirations nationalistes des classes de la société chinoise tout entière, et c'est d'ailleurs ainsi que l'Internationale voit les choses. Car la doctrine de Staline voulait qu'on passât obligatoirement par toutes les étapes de la révolution : prise du pouvoir par la bourgeoisie nationale, et ensuite seulement avènement d'une révolution authentiquement prolétarienne. C'est cette politique que combat Trotsky, d'ailleurs à juste titre, car son analyse de la situation en Chine fait ressortir une particularité désormais reconnue comme étant un des aspects fondamentaux de toute société du tiers monde vivant sous une tutelle coloniale ou néocoloniale :

La domination étrangère est indissolublement liée au joug intérieur. Les coolies doivent, non seulement chasser Baldwin ou Macdonald, mais renverser encore la classe dirigeante. L'un ne peut se réaliser sans l'autre. Ainsi, l'éveil de la personnalité humaine dans les masses de la Chine [...]

se fond immédiatement dans la lave de la révolution sociale. Spectacle grandiose ! (p. 251[22])

Quand il semble soutenir la politique de l'Internationale, Malraux, comme Staline, fait preuve du même manque de compréhension des réalités coloniales chinoises qu'il avait montré pour les affaires de l'Indochine, et Trotsky déclare à bon droit : « *Une bonne inoculation de marxisme aurait pu préserver l'auteur des fatales méprises de cet ordre* » (p. 253[22]) — quitte à dire dans son article suivant qu'il ne le pense plus (p. 273[22]) ! Or, en prétendant comme il le fait que les enseignements politiques des *Conquérants* « *découlent du récit même, à l'insu de l'auteur, et témoignent contre lui* » (p. 247[22]), Trotsky de toute évidence affaiblit ses arguments et, malgré lui, renvoie à son adversaire des compliments flatteurs. Dans le même ordre d'idées, il lui a adressé la critique suivante pendant la guerre d'Espagne : « *En 1926, Malraux était au service du Comintern et du Kuomintang en Chine ; il est l'un de ceux qui sont responsables de l'étranglement de la révolution chinoise...* »[23]. On comprend que Malraux se soit bien gardé de contredire expressément cette accusation.

En fait, Malraux se montre bien conscient, dans *Les Conquérants* et plus tard dans *La Condition humaine*, des risques que comporte une alliance avec le Kuo-min-tang. C'est au niveau politique que se joue le vrai drame de *La Condition humaine* ; mais Malraux en tant que romancier s'intéresse plutôt au drame individuel. Après tout, il n'a pas choisi un héros représentant authentiquement la bourgeoisie nationale ; personnage important et esprit remarquable, Tcheng-Daï ne peut prétendre au statut de héros, dévolu à Garine et, dans une moindre mesure, à Borodine. Certes, il y a Hong, force morale agissant selon les seuls principes d'une raison sans frein, mais c'est précisément son extrémisme qui, résolvant le dilemme où se trouve Garine, lui interdit par là même d'accéder au statut de héros. (Borodine aussi perd l'auréole héroïque dans l'exacte mesure où, en se vouant à l'obéissance aveugle envers l'Internationale, il renonce

22

au droit de donner lui-même un sens à son action.) Si ce sont là des aspects essentiels des romans, ils ne jouent qu'un rôle accessoire aux fins de l'interprétation politique proprement dite (politique stalinienne de l'alliance de classes). Cette tactique prendra de plus en plus d'ampleur pendant les années 1930. Elle aura également comme effet d'obscurcir la question de l'indépendance nationale d'un tiers monde colonisé par le truchement d'une complicité entre impérialismes étrangers et bourgeoisies *compradores*, et ravalé par la division mondiale du travail à l'état d'une classe exploitée.

Pour tirer la conclusion du débat Trotsky / Malraux sur la Chine, il est instructif d'écouter Malraux traitant vers 1971 de la spécificité de la Révolution chinoise à la lumière de l'Histoire récente :

> Quand on pose la question du trotskysme dans la révolution chinoise, on parle pour ne rien dire. Les staliniens estimaient que la révolution viendrait du prolétariat et cela ne pouvait pas être autre chose. Mais les trotskystes prêchaient la même chose. Il ne faut pas qu'on nous dise que les uns ou les autres soutenaient la paysannerie. Ils étaient tout à fait opposés à l'idée d'une révolution paysanne. Le seul qui ait cru en cette révolution paysanne, c'était Mao, mais il n'y a cru que plus tard. [...] À ce moment, comme dans *La Condition humaine*, le conflit avait lieu entre, appelons cela les « réglementaires », les stalinistes, et les trotskystes. Il est parfaitement vrai qu'à l'intérieur du parti communiste le conflit se situait entre trotskystes et anti-trotskystes mais ce conflit n'a pas eu de conséquence : ni les trotskystes ni les staliniens n'ont été vainqueurs. Le vainqueur, ça a été Chang Kai Chek, c'est-à-dire autre chose, le nationalisme pur.[24]

En comptant Malraux parmi les staliniens, j'entends simplement l'associer à l'idée d'une révolution bourgeoise nationale, étape nécessaire, mais non suffisante, sur la voie de la révolution socialiste. Malraux ne renonce donc pas à sa position libérale quand il soutient la lutte des communistes chinois.

Dans le cas de la Révolution chinoise, illustration de la « ruse de l'Histoire », la question brûlante de l'alliance entre bourgeoisie nationale et prolétariat a été entièrement perdue de vue lorsque le sort eut tranché après la victoire de Mao. Pour Malraux, c'est le nationalisme sans résonance de lutte des classes qui s'est imposé. Tchang Kai-chek a en effet remporté la victoire en 1927, mais peut-on dire qu'il représente les véritables intérêts nationaux de la Chine ? Cueillant quelque vingt ans plus tard les fruits de sa propre victoire, Mao représente bien mieux ces intérêts-là.

le démocrate antifasciste
et l'Europe dans les années Trente

Les diverses prises de position de Malraux à l'égard de la politique européenne dans la décennie 1930–1939 frappent surtout par leur insistance sur l'antagonisme des classes, qui fournit l'élément fondamental des analyses. L'avènement du fascisme atteste en quelque sorte la pertinence de l'analyse marxiste de ce phénomène à la fois nationaliste et transnational, se présentant sous divers avatars idéologiques, mais à l'œuvre au sein de toutes les sociétés capitalistes, et qui voyait dans le communisme l'adversaire à abattre. Malraux en parle avec assurance dans sa réponse à une enquête sur le fascisme en France :

J'appelle fascisme un mouvement qui, *armant* et organisant la petite-bourgeoisie, prétend gouverner en son nom contre le prolétariat et [contre] le capitalisme. Nous savons du reste ce qu'il y a lieu de penser du second combat : Hugenberg et Thyssen font partie du gouvernement nazi, et, pour un Gualino aux Lipari, assez d'autres sont à Capri. Le premier est réel. Cela dit, voyant dans le vrai fascisme une carte du capitalisme, car la petite bourgeoisie seule ne fournit pas les premiers fonds au mouvement, je crois que le capitalisme français préférera la démocratie au fascisme tant qu'il ne sera pas contraint à ce dernier par une menace ouvrière.

(cité in *AM2*, 160)

Dans ces lignes où Malraux fait intervenir des notions marxistes de lutte des classes, il apparaît clairement que l'écrivain s'identifie à l'option « démocratique » sans se prononcer sur le système social correspondant et sans se faire l'avocat du capitalisme en tant que tel. Cette position est formulée encore plus nettement dans une interview donnée à Moscou en 1934 :

« *Un problème nouveau se pose maintenant aux intellectuels : ils doivent dorénavant choisir non plus entre la démocratie et le communisme, mais entre le fascisme et le communisme.* » (cité in *AM1*, 138).

Ces déclarations prouvent l'inconsistance de l'accusation de trahison envers les communistes lancée à partir de 1945 : autant critiquer Churchill d'avoir trahi Staline. La question d'une prise du pouvoir par le Parti communiste au nom du prolétariat est délibérément laissée en suspens :

C'est de l'union du prolétariat et des éléments « populaires » de la petite-bourgeoisie que j'attends la masse de combat à opposer au fascisme ; la pression des faits, pour peu que la crise s'aggrave, étant susceptible de faire ensuite diriger cette masse par l'idéologie du prolétariat, mais ensuite seulement. (cité in *AM2*, 160-1)

Malraux resta fidèle à l'alliance avec les communistes aussi longtemps que le fascisme déploya « *sur la moitié de l'Europe ses grandes ailes noires* »[25]. Trop fidèle même selon certains qui, comme André Gide, refusaient de taire leurs critiques au nom de la lutte contre l'ennemi commun. En Espagne notamment, Malraux appuya loyalement le front antifasciste alors que Staline poursuivait la politique qui s'était révélée si infructueuse en Chine. George Orwell en conclut dans *La Catalogne libre* que l'objectif principal de Staline était tout simplement d'empêcher le triomphe de la révolution socialiste en éliminant ceux qui voulaient la faire. Malraux, pour sa part, n'en dit mot, ce qui lui valut d'être violemment pris à partie par Trotsky.

L'Espagne des années Trente fut le théâtre de la révolution la plus authentiquement marxiste à laquelle Malraux eût participé de près. Malgré toutes les réserves qu'on peut faire sur le comportement des conseillers soviétiques, force est de constater que la révolution et la guerre civile espagnoles représentent, dans l'expérience de Malraux, l'exemple le plus probant d'une tentative visant à forcer le destin par une action rationnelle inspirée du progressisme marxiste. Dans cette optique, la victoire du généralissime Franco fut la revanche des forces obscures sur le progrès. Mais vers la fin de sa vie, Malraux attribuera aux républicains espagnols un côté irrationnel :

[...] on peut dire qu'en Catalogne, si les communistes n'ont pas joué un très grand rôle, en revanche, ce qui a joué c'est le lien entre une pensée ordonnée : le marxisme, et un sentiment très inférieur au marxisme, très profond, irrationnel et néanmoins très fortement conçu. Ce n'est pas d'aujourd'hui que nous savons que beaucoup de sentiments révolutionnaires de ce genre, surtout dans la paysannerie, sont assez irrationnels, liés en quelque sorte à des impulsions. Tout cela, notons-le, ne s'est pas fait dans n'importe quel sens. L'irrationnel dont nous parlons avait une direction. Il allait quelque part et il venait de quelque part. Il venait du malheur et il n'allait pas chez Franco.[26]

L'écueil sur lequel vint définitivement se briser l'espoir internationaliste de la génération de Malraux fut sans doute le Pacte de non-agression Ribbentrop-Molotov. À la différence des Fronts populaires, expédient provisoire inspiré par des considérations tactiques, l'alliance entre deux pays dont l'un symbolisait la Révolution et l'autre son ennemi de classe le plus implacable, portait un coup mortel à l'idéal internationaliste. La confiscation du mouvement internationaliste au profit d'une seule nation devenait éclatante. Quarante ans plus tard, une autre génération allait vivre une expérience analogue en observant, dans ce même sud-est asiatique où Malraux naquit à la conscience politique, des pays socialistes se déchirer au nom de principes « démocratiques », l'autodétermination et les droits de l'homme justifiant le génocide et l'invasion des pays voisins.

le réveil du nationalisme dans le monde moderne

À la lumière de l'époque la plus marxisante de sa vie politique, la relation de Malraux avec le communisme devient évidente. Compagnon de route, certes, comme le montre David Caute[27] ; brillant improvisateur de formules marxisantes lors des congrès, assurément ; marxiste au sens strict, non. Au-delà de ce problème, il s'agissait cependant de déterminer la conception de l'histoire sous-jacente à la vision politique de l'écrivain.

L'interprétation que donne Lucien Goldmann de *La Lutte avec l'ange* dans son « Introduction à une étude structurale des romans de Malraux » est fort instructive à cet égard[28]. Pour Goldmann, les aventures de Vincent Berger en Touranie expriment la perte de la foi dans l'internationalisme communiste. Au lieu de Turquie il faudrait lire Russie ; pour panislamisme, le panslavisme ; pour Abdul-Hamid, le Tsar ; pour Enver Pacha, Staline ; et le touranisme n'aurait été qu'une habile transposition du communisme en marche. Analogie saisissante, mais qui n'est qu'à moitié convaincante. Nous sommes ici en présence d'une interprétation parmi d'autres, et qui n'est peut-être pas la plus plausible. La déception de Berger constatant que le touranisme n'est finalement que la volonté de domination nationale des Jeunes-Turcs est à rapprocher selon Goldmann de la révélation que la politique de Staline ne fut jamais autre chose que l'impérialisme russe actualisé. Or ne pourrait-on pas tout aussi bien faire un parallèle avec la révélation de Lawrence rapportée dans *Les Sept piliers de la sagesse* ? Malraux décrit dans *"Le Démon de l'Absolu"*[29] la crise de l'aventurier gallois découvrant que le panarabisme n'existe pas en dehors des déclarations officielles, que la nation arabe est un mythe fabriqué pour galvaniser les Arabes par des Anglais qui entendent bien s'en arroger tout le bénéfice, que la Révolte est un mirage, poursuivi à travers les sables vides du désert par des tirailleurs égarés. Cette nation n'a aucune existence réelle dans le cœur des nomades. À l'arrivée à Damas, la vague de la révolte déferle, dégénérant en pillage et luttes fratricides.

Le thème de l'aventurier européen aux prises avec les problèmes d'organisation d'un mouvement révolutionnaire étranger et en quête de sa propre identité avait tout pour séduire Malraux. L'échec d'un dessein historique rationnellement élaboré et la défaite de l'élan pan-nationaliste devant des passions plus ténébreuses encore ajoutait un élément tragique et fascinant.

Quoi qu'il en soit, Malraux s'est défendu vigoureusement, dans un entretien du 20 juin 1975 avec Frédéric J. Grover sur les *Antimémoires*, d'avoir cru en l'internationalisme :

Jamais je n'ai été internationaliste. En Espagne, je n'ai jamais fait partie des brigades internationales ; j'ai quitté l'aviation républicaine sept semaines avant l'arrivée des brigades internationales. J'ai épousé la France après la défaite, dans la Résistance. J'avais d'abord cru qu'on pourrait faire la justice sociale par elle-même dans un combat mondial. Avec le temps, je me suis rendu compte qu'on ne pourrait le faire qu'à partir de la nation. La nation a gagné partout : en Russie comme en Allemagne, si bien que toute action non nationale est chimérique. Lénine est mort internationaliste mais c'est Nietzsche et non pas Marx qui avait été bon prophète quand il avait prédit que le XXe siècle serait le siècle des guerres nationales.   (p. 123[30])

On ne saurait trop souligner l'importance de cette réplique à Marx, tantôt attribuée à l'influence de Nietzsche, tantôt à celle de Spengler[31]. Elle marque chez Malraux la conscience d'une radicale irrationalité des forces de l'Histoire (après tout Nietzsche est selon Malraux le prophète de l'irrationnel[32]). Conscience précoce, car Malraux eut tôt fait de perdre ses illusions sur le Komintern : il fut témoin en 1934 des premiers atermoiements nationalistes dans la capitale du socialisme international, comme il le raconta dans un entretien avec Olivier Germain-Thomas :

Il y a une cohérence, une continuité dans la pensée soviétique [...]. À l'extérieur, la volonté historique du communisme [...] c'était l'internationalisme, et la prise du pouvoir par le prolétariat à travers le monde. Après avoir vu dans les sociaux-démocrates l'ennemi N° 1, Staline, à travers Dimitrov, a choisi la tactique des fronts populaires. Elle a coûté cher en Espagne. Mais elle a facilité les relations de Staline avec ses alliés après l'attaque hitlérienne, car les Alliés ont ressenti leur lutte contre Hitler comme un Front Populaire Mondial. Les fronts populaires n'ont rien à voir avec la lutte commune des kerenskystes et des bolchevicks [sic] contre le tsarisme. Malgré le pacte germano-soviétique, ils ont été l'une des armes à longue portée de Staline. J'ai vu à Moscou Ehrenbourg et Radek lire avec stupéfaction l'éditorial de *Pravda* intitulé, pour la première fois, « Notre patrie socialiste », au temps où commençait la lutte contre l'avortement. Les vrais fronts populaires sont morts avec le fascisme — remplacés par les démocraties populaires.   (p. 13[33])

Selon l'interprétation donnée dans ces lignes à la notion de « front populaire », celui-ci n'est pas de même nature que l'alliance de classes de février 1917. La raison en est claire : si la Révolution de 1917 avait pour fondement une véritable alliance de classes, formée en vue de la prise du pouvoir, les fronts populaires avaient pour but la sauvegarde de l'intérêt national. Leur caractère d'alliance de classes était une mascarade, car l'Union soviétique étant devenue la « patrie socialiste » du prolétariat mondial, son statut de foyer révolutionnaire ne pouvait profiter à aucun autre pays. La politique du Komintern n'était qu'une mystification et les communistes de la diaspora marxiste, des dupes ou des complices. En même temps que le prolétariat a abdiqué son rôle en faveur du parti, le pays révolutionnaire à vocation internationaliste a renoncé à son rôle historique. À l'alternative que Lénine avait imaginée (victoire mondiale du socialisme ou son étouffement), l'Histoire allait ajouter un troisième scénario : le socialisme dans un seul pays, et le retour en force du nationalisme jusque dans les pays socialistes. Malraux aurait pressenti ce retour dès 1934, plus tôt que nombre de ses contemporains qui allaient connaître d'amères désillusions en 1938. Les fronts populaires n'étaient que des alliances classiques fondées sur l'intérêt national, à l'instar des ententes très respectables du XIXe siècle ; il s'agissait de parer à la menace hitlérienne et il n'était pas question d'un véritable élan internationaliste. Aussi était-il fatal que le poids de l'internationalisme diminuât dans l'après-guerre. La réaction de Malraux lorsque la menace du nazisme eut disparu n'a donc rien de surprenant : « *Je me souviens de l'angoisse avec laquelle Camus m'a dit :* " *— Nous devrons un jour choisir entre l'Amérique et l'Union soviétique...". Les deux pays étaient encore des éléments d'un même Front Populaire antifasciste. Et nous avions choisi la France.* » (pp. 24-5[33]).

3. De Gaulle, ou la maîtrise de l'Histoire.

*le patriote gaulliste
et la France dans le monde de l'après-guerre*

Pour dépeindre l'âme occidentale au lendemain de la Deuxième Guerre mondiale, René Grousset écrit :

> L'homme est désormais sans illusion sur le fauve qui dormait en lui. Dachau, Ravensbrück, Buchenwald, Belsen... La guerre qui s'achève aura ainsi ramené l'humanité à la modestie de ses origines : c'est là un point où les théories évolutionnistes rejoignent très exactement le dogme chrétien du péché originel. Il aura suffi de l'occasion des doctrines totalitaires pour que le monstre, brisant ses chaînes, détruise sur d'immenses étendues une civilisation qui se croyait immortelle.[34]

L'année 1945 aurait assurément pu symboliser le triomphe de la lumière sur les ténèbres, mais nombre d'équivoques subsistaient. Hiroshima, Nagasaki et Dresde avaient donné à l'ennemi la palme du martyre, et souillé l'honneur des vainqueurs. La victoire était ambiguë, car le dénouement apocalyptique de la guerre allait susciter des coalitions antagonistes au sein des fragiles alliances de la veille.

Plus tragiquement, les atroces révélations sur l'« univers concentrationnaire » découvert dans les territoires sous domination nazie jetaient l'opprobre sur la civilisation occidentale tout entière et les forces les plus troubles de l'Histoire fracassaient le mythe du Progrès. Pour fonder son action politique de l'après-guerre, Malraux ignorera les théories et s'engagera aux côtés de celui qu'il nomme « *l'homme de l'Histoire* » (p. 115[35]).

Il est objectivement certain que si la France put figurer dans le camp victorieux, elle le dut aux armes anglo-saxonnes et indirectement aux sacrifices des Soviétiques, qui avaient payé à la guerre le tribut le plus lourd. Le prestige français était incontestablement bien terni lorsque les armes se furent tues.

Il ne faudrait pas sous-estimer pour autant le sursaut national attesté par la Résistance et surtout par les Forces françaises libres. Si la France put reprendre sa place parmi les puissances mondiales, c'est surtout grâce au général de Gaulle. Pourtant, lorsqu'il lança de Londres son célèbre appel du 18 Juin, sa prétention de représenter la France ne fut guère prise au sérieux : « [...] *il a répondu à René Cassin qui lui demandait à Londres : "En tant que juriste, dois-je considérer que nous sommes une Légion étrangère, ou l'armée française ? — Nous sommes la France." La France, c'était, devant lui, deux tables en bois blanc.* » (ML, 652).

Alors que l'unité nationale s'était ressoudée autour de cet homme qui avait incarné la Patrie aux heures les plus sombres, la fin des combats laissait ouvertes les plaies de la France : les institutions de la Troisième République avaient été balayées, l'ancienne classe politique était compromise ou éliminée, l'indépendance menacée, l'Empire ébranlé. En cinq ans, la France et la Grande-Bretagne, son éternelle rivale, se virent ravalées au rang de puissances subalternes. Guy de Carmoy décrit bien la formidable transformation qui s'est opérée entre 1939 et 1945 dans les rapports de force entre les grandes puissances :

En 1939, une guerre intra-européenne oppose deux à deux les quatre principaux États-nations de l'Europe : France et Angleterre contre Allemagne et Italie.
En 1945, une guerre mondiale oppose à l'Allemagne et au Japon deux États-continents extra-européens, États-Unis et Union soviétique, auprès desquels l'Angleterre fait figure de partenaire mineure et la France de comparse. (p. 11[36])

Malraux lui-même évoque cette déchéance avec une amertume bien compréhensible :

Mais l'aventure napoléonienne a sans doute beaucoup hâté la montée de la puissance anglaise en Europe occidentale, et tout se passe comme si l'aventure hitlérienne était le moyen le plus sinistrement efficace de hâter la montée de la puissance américaine (et de la puissance russe, bien entendu). (p. 6[21])

31

La situation de la France du temps de la paix avait en effet de quoi préoccuper un patriote dans un monde désormais dominé par les superpuissances. Des États sortis de l'Histoire au début de la Deuxième Guerre mondiale, tels que les pays baltes, en témoignent. Pareille évolution contrastait avec celle qu'avait déclenchée le premier conflit mondial, c'est-à-dire la balkanisation sur les ruines des empires ottoman et austro-hongrois démembrés. L'époque semblait donner raison aux États-continents contre les États-nations. Or c'est précisément dans cette conjoncture inédite que la politique du général de Gaulle, à laquelle Malraux allait adhérer pendant plus de vingt ans, misa contre toute attente sur la Nation.

La foi en la toute-puissance du sentiment national était le fondement de la politique du Général ; cette analyse, maintenue malgré l'évidence contraire, constituait aussi l'élément essentiel de la pensée politique du gaulliste Malraux. Ce principe étant admis, la politique gaulliste, si déconcertante en apparence, révèle cependant sa cohérence et sa constance profondes. Politique déconcertante en effet, surtout aux yeux des Anglo-Saxons, qui ne voulaient y voir que l'obstructionnisme d'un esprit délibérément malveillant. Pour l'opinion britannique et américaine, le Général manifestait une criminelle indifférence à l'égard de la sécurité occidentale et semblait se désintéresser du conflit des deux blocs pour chercher par esprit de contrariété des avantages particuliers. Avant la « cristallisation » des blocs, cette attitude pouvait encore passer, car qui ne comprendrait l'intérêt stratégique que pouvait revêtir le Pacte franco-soviétique de 1944 ? Ce refus de « rentrer dans le rang » ne se démentira pas au fil des années. Alors que la situation internationale restait indécise (en gros jusqu'en 1947) et que les communistes pouvaient encore espérer participer au pouvoir en France, de Gaulle cherchait à garder des alliances à l'Est comme à l'Ouest, sans se soucier des idéologies respectives. Même chose en politique intérieure : c'est le socialiste Ramadier, et non de Gaulle, qui expulsa les communistes du gouvernement.

Le Général ne réussit cependant pas à empêcher les glacis de se former, d'un côté comme de l'autre. La France abandonna la recherche d'une troisième voie et la frileuse Europe s'abrita sous le parapluie américain. C'est dans ce contexte de conflit larvé que les gaullistes allaient partir en guerre contre la menace supranationale. Malraux usera de son éloquence pour attaquer le mythe d'une Europe fusionnelle et pour défendre une conception ouverte des alliances : « *Je suis d'ailleurs persuadé qu'il n'y aura d'Europe viable qu'autour de la France (je ne dis nullement, n'est-ce pas : sous l'hégémonie française). Si tout ce qu'on a à opposer à Staline c'est une Europe à faire sur la base d'une espèce de Troisième Force, mieux vaudra repasser !* »[37].

La guerre froide fait pencher la politique gaulliste en faveur d'une alliance avec les puissances occidentales, alliance censée ne jamais sortir des limites d'une entente à l'ancienne manière, assurant à la France la libre disposition de son système de défense. On est encore loin, à la fin des années Quarante, du défi ouvert qui sera lancé aux Américains. Entre la « belle et bonne alliance » et l'Alliance atlantique sous direction américaine, il fallait bien choisir son camp. Dans l'extrait ci-dessous d'un texte de 1948, Malraux fait presque une profession de foi atlantiste :

Il n'est donc pas question de soumission de l'Europe. Qu'on nous fiche la paix avec ces histoires ! Il y a, d'une part, une hypothèse : l'Europe devient un élément capital de la civilisation atlantique. Et il y a une question : que devient l'Europe dans la structure soviétique ? La civilisation atlantique appelle et, au fond (en tant que culture), respecte l'Europe ; la structure soviétique dédaigne son passé, hait son présent et n'accepte d'elle qu'un avenir où ne reste exactement rien de ce qu'elle fut. (Œ, I, 279)

C'est aussi sur le compte de la conjoncture internationale qu'il faudrait mettre l'assimilation de Tito à Staline, dans un article où Malraux imagine ce que l'ombre de Staline aurait pu dire au Petit Père des peuples :

» [...] Tu as rendu son poids à l'éternelle Russie.
Il y a quelqu'un qui le sait du reste : Tito. Ceux qui ne te connaissent pas oublient, comme Hitler, que la patience est une de tes vertus. Les niais

le croient ton contraire, un successeur de Trotsky. Il est notre frère condamné. Non parce qu'il nous est étranger, mais parce qu'il te ressemble. Il a épousé la Yougoslavie comme tu as épousé la Russie ; il s'est confondu avec elle dans la passion sauvage et peut-être millénaire à quoi ces gens ne comprennent rien, mais que tu comprends, toi — et pour laquelle il faut qu'il meure. (p. III[8])

Ce que Malraux reproche à Staline, ce n'est pas tant d'avoir « épousé » la Russie : après tout, il avait fait la même chose en « épousant » la France, comme Tito la Yougoslavie (on a pu voir dans le titisme une variante socialiste du gaullisme). C'est plutôt de s'être dédouané en invoquant hypocritement un internationalisme dont Malraux se fait fort de démontrer l'ambiguïté.

Il s'ensuit que l'intégration de l'économie et *a fortiori* de la défense françaises dans le bloc occidental ne saurait être qu'un leurre. Or de Gaulle ne put empêcher ni l'établissement des deux blocs, ni la signature par la France du Traité de l'Atlantique Nord, jugé par lui incompatible avec le rôle d'arbitre que sa patrie était appelée à jouer (p. 4[36]) ; il parvint toutefois à faire capoter l'intégration des forces françaises dans la Communauté européenne de défense, et c'est sous sa présidence que la France se retira de la structure militaire intégrée de l'O.T.A.N. ; l'Alliance atlantique devenait alors une simple entente entre États.

Guy de Carmoy confirme que Malraux et de Gaulle percevaient avec la même acuité la force irrationnelle du nationalisme dans l'Histoire. Dans l'extrait ci-dessous, l'historien présente un de Gaulle indifférent aux idéologies, mais non à leur composante nationaliste :

Les buts généraux du général de Gaulle le conduisent donc à rejeter l'intégration européenne et à disloquer l'Alliance atlantique, qui est le ciment du bloc occidental.
Ce faisant, de Gaulle est indifférent à la lutte idéologique entre capitalisme et marxisme. Peu importe que triomphe le marxisme embourgeoisé ou le capitalisme étatisé, qui, peu à peu, se rejoindront. Il importe par contre que le nationalisme — qui s'accommode aussi bien du capitalisme que du marxisme — triomphe du fédéralisme. Telle est la véritable antinomie. Pour

que la France soit la France, le mythe de la Communauté doit être abattu.
(pp. 493-4[36])

Sur fond d'une Histoire débarrassée de sa gangue d'idéalisme rationaliste, le gaulliste observe avec détachement des joutes idéologiques parfaitement futiles. Il n'est que d'observer les conflits qui ont éclaté dans les Balkans et dans le Caucase pour se convaincre que les vraies forces motrices de l'Histoire, à commencer par le nationalisme, ont survécu à la mainmise de l'idéologie.

le grand dessein eurafricain

Contempteur de l'« Europe des chimères », de Gaulle ne perdit jamais de vue son grand dessein : « *L'Europe de l'Atlantique à l'Oural : [...] dégagée depuis de longues années déjà, répétée avec une insistance proprement obsessionnelle à chaque occasion et souvent hors de propos, la formule correspond à une des pensées les plus profondes du général de Gaulle.* » (p.13[38]). L'expression « *de l'Atlantique à l'Oural* » devait rester longtemps obscure. Comment de Gaulle ou Malraux pouvaient-ils accréditer l'idée d'une Europe politique dont ils avaient si longtemps nié jusqu'à l'existence ? Voici un extrait d'un entretien qui a paru pour la première fois en 1945 :

— Il n'y a pas d'Europe. Il n'y en a jamais eu. Il y a eu une chrétienté. Il y a eu une culture vaguement européenne, tour à tour franco-anglaise et anglo-française, aux XVIIe et XVIIIe siècles. [...] Ce qu'on entend aujourd'hui par Europe ne se définit que négativement : l'Europe, c'est ce qui n'est pas l'Asie. [...] Il s'agit d'une idée assez enfantine, née de tout un bric-à-brac où se rencontrent le continent imprimé en rose des cartes de notre enfance et le tableau de Guillaume II sur le péril jaune. (p. 5[21])

Si l'Europe géographique n'existe pas, s'agissait-il alors d'une Europe politique ? La réponse, tout aussi catégorique, exclut une Europe qui ne tiendrait pas compte des réalités nationales :

C'est précisément l'idée que l'Europe existe, et qu'il suffit de reconnaître cette existence, que je crois fausse, aujourd'hui comme il y a dix ans. L'Europe ne peut naître que d'une *volonté*, comme sont nés les empires, comme sont nés, après tout, les États-Unis. Elle ne naîtra ni de nouveaux quatorze points d'un nouveau président Wilson, ni d'une abstraction opposée aux nations. Il ne s'agit pas de savoir comment on peut la fonder *contre* les nations, mais *sur* elles.   (p. 14[21])

En bon gaulliste, Malraux, pour créer l'Europe, fait fond sur l'Histoire et non sur la Raison. Encore faut-il savoir si cette Europe peut avoir une raison d'être, puisqu'elle n'a pas d'existence ontologique. Dans cet ordre d'idées, c'est encore la question du réveil nationaliste qui rend urgente la réalisation de l'Europe dans la perspective gaulliste. L'« Europe de l'Atlantique à l'Oural » résout également le problème posé par la réunification de l'Allemagne, comme le montre très bien Guy de Carmoy :

Le mystère de l'Europe de l'Atlantique à l'Oural est éclairci. Il s'agit bien de l'Europe géographique, ou plutôt de l'Europe telle qu'elle apparaît dans tout atlas historique, arrêtée à la page de 1913. La conférence de presse du 9 septembre 1965 évoque une fois de plus un règlement européen général et le règlement de la question allemande : « *Nous n'hésitons pas à envisager qu'un jour vienne où, pour aboutir à une entente constructive depuis l'Atlantique jusqu'à l'Oural, l'Europe tout entière veuille régler ses propres problèmes et, avant tout, celui de l'Allemagne, par la seule voie qui permette de le faire, celle d'un accord général.* » Cet accord général, de Gaulle le recherchera avec l'Union soviétique, mais sans les États-Unis. Pour faire l'Europe entière avec la Russie il fallait empêcher que se fasse l'Europe occidentale avec les États-Unis. L'Angleterre était en 1961-1963 le cheval de Troie de cette fraction d'Europe américanisée : elle fut donc écartée du Marché commun. L'Allemagne fédérale rejette en 1964 la notion d'une Europe européenne et indépendante : il faut donc affaiblir la Communauté économique européenne, instrument de l'influence américaine sur le continent.   (p. 365[36])

Le grand dessein européen du Général ne se résume cependant pas à la recherche d'une solution désintéressée du problème allemand. C'est une vision d'une Europe organisée autour de la France qui ressort des propos suivants de Malraux datant de 1974 :

Je doute que [la France] redevienne le pays le plus riche et le plus peuplé de l'Occident, comme elle le fut de la chrétienté. Naturellement, le gaullisme implique le refus de se résigner à une France « survivante ». Mais ne croyons pas trop que l'avenir doive imiter le passé, ni que l'Europe soit balkanisée. [...] La France a de grands atouts, son passé est exemplaire. N'oubliez pas que lorsque Alexandre est devenu roi, la Macédoine n'avait qu'une politique locale.   (p. 22-3[33])

Quant au défi militaire que représente pour la France la puissance soviétique, il est instructif de se reporter au livre du général Jacquot, cautionné par une préface de Malraux, qui tend à démontrer que l'U.R.S.S. ne constitue pas un danger insurmontable pour la France pourvu qu'une alliance se noue entre celle-ci et la Chine[39]. Témoignage éclatant de la prescience gaulliste relative à la profondeur du sentiment national que cette hypothèse de travail de 1953 envisageant le schisme du monde communiste ! Mais, dira-t-on, comment imaginer sans sombrer dans le ridicule que la France puisse, dans le système envisagé, faire pièce à la puissance industrielle d'une Allemagne réunifiée, ou aux ressources naturelles de la Russie, comme disait déjà de Gaulle ? La réponse tient en un mot : l'*Eurafrique*.

De Gaulle n'était pas totalement hostile à la Communauté européenne : il voulait simplement la soustraire à l'influence funeste des Anglo-Saxons. Il s'agit donc d'une Communauté d'inspiration française, et non pas américaine ou britannique. Cette position est précisée dans une déclaration faite par Malraux en 1968 et publiée dans la revue *Encounter*. Ironie du sort, *Encounter* et *Fontaine* avaient reçu naguère des fonds de la C.I.A. pour propager l'idéologie « européenne » élaborée par les Américains à l'intention des Européens :

« Le général de Gaulle n'a jamais parlé de l'Europe des patries. On lui prête toujours cette expression mais ce qu'il a vraiment dit était infiniment plus complexe... C'est à peu près ceci. D'abord l'Europe doit être économiquement unie, d'où la nécessité de décider si nous acceptons ou non la Grande-Bretagne dans le Marché commun. Or contrairement à ce que beaucoup de gens semblent penser, l'entrée de la Grande-Bretagne ne se résume pas à la question de savoir si on accepte ou non l'Angleterre : pour ça, tout le monde serait tout de suite d'accord. Le problème est qu'en acceptant l'Angleterre, nous devrions accepter en même temps beaucoup d'autres choses et beaucoup d'autres gens, et que dans ces conditions, il n'y aurait plus de Marché commun du tout, mais quelque chose d'entièrement différent : une vaste zone de libre échange. Cela pourrait être bon ou mauvais, mais le Marché commun serait mort et enterré. »[40]

Il est frappant de constater à quel point ces paroles restent valables encore aujourd'hui.

La C.É.E. était en effet appelée à constituer le cadre économique de la partie européenne du grand dessein. Sans Marché commun, l'Europe occidentale ne peut espérer rivaliser ni avec les États-Unis, ni avec la Russie. Toutefois, à l'intérieur d'un Marché commun, la France risque de tomber sous la coupe de l'Allemagne fédérale, dont l'industrie est plus dynamique. Le grand dessein gaullien, c'est la solution *simultanée* des deux problèmes, autrement dit la création de l'*Eurafrique*. René Courtin lie la politique africaine du Général à l'« Europe de l'Atlantique à l'Oural », dans lesquelles il voit les deux volets du dessein historique gaullien (« *la Sibérie, c'est l'Algérie de la Russie* » (p. 30[38]), écrit-il, faisant écho à l'assertion de Malraux : « [...] *la Sibérie ou le Far West de l'Europe, c'est l'Afrique.* » (p. II[41]).

Quel était au juste le problème que l'Eurafrique était censée résoudre ? Dans un livre publié en traduction française en 1952, Anton Zischka décrit la situation de l'Europe en la comparant à celle de l'Allemagne de la République de Weimar[41]. Au lendemain de la Deuxième Guerre mondiale, dépourvue à l'intérieur de sources d'énergie, de matières premières et de débouchés pour ses produits manufacturés, l'Europe occidentale tout entière subit la même crise qui vingt ans plus tôt avait abouti à l'aventure hitlérienne. Faute des ressources indispensables à leur expansion, ces pays industrialisés sont menacés d'asphyxie, avec tous les risques qui en découlent pour la paix du monde. Tout comme l'Allemagne cherchait à s'assurer des débouchés et des réserves de matières premières en signant avec l'U.R.S.S. l'accord de Rapallo (avril 1922), l'Europe occidentale doit s'efforcer de trouver une solution globale au problème :

Il faut donner à l'Ouest et au Centre de l'Europe une structure économique qui leur assure une indépendance véritable, qui leur permette de devenir suffisamment forts pour prendre librement leurs décisions politiques et pour pouvoir agir dans un sens vraiment *européen*. En d'autres termes, il faut que le centre de gravité du continent *afri-eurasien*, qui se compose de trois parties, soit effectivement au point central de celui-ci. En d'autres termes *il faut que l'Eurafrique devienne le contrepoids de l'Eurasie.* (p. 15-6[42])

La solution proposée par Anton Zischka ressemble à celle que Malraux avait exposée en décembre 1949 dans *Carrefour*[41]. Sa « Lettre aux intellectuels américains » avait des allures de manifeste atlantiste, ce qui ne saurait surprendre si on considère la conjoncture internationale : intensification de la guerre froide après le lancement du Plan Marshall ; riposte du camp socialiste, créant le Kominform en 1947 ; signature du Traité de l'Atlantique Nord (1949). En France, où les gaullistes avaient fondé dix-huit mois auparavant le Rassemblement du Peuple Français, le tripartisme prenait fin. Ce rapprochement purement circonstanciel des thèses gaulliste et atlantiste ne doit pas faire perdre de vue la thèse essentielle de la « Lettre aux intellectuels américains », si éclairante pour quiconque veut comprendre les positions ultérieures de Malraux.

Selon cette thèse, la faiblesse économique des États d'Europe occidentale comporte pour eux le risque de décomposition morale, éminemment propice à des initiatives du Parti communiste ou même de l'Armée rouge. Cette menace mortelle pour les intérêts américains doit encourager les États-Unis à favoriser la consolidation des démocraties capitalistes. Puisque l'Europe n'existe pas, il faut la susciter dans le cadre d'une participation des nations occidentales au développement de l'Afrique. Alors que les Américains s'étaient jusque-là opposés à la colonisation européenne de l'Afrique, ils doivent désormais s'incliner devant l'impératif politique. Leur participation à ce projet colonial rénové est même envisageable, à condition que les limites en soient préalablement définies.

Dans ce Yalta nouvelle manière, l'Afrique devient l'objet d'un partage entre une Europe naissante et la superpuissance américaine. Une fois encore il apparaît que la création de l'Europe est intimement liée à la politique africaine de la France. On y remarque clairement la façon dont s'articulent les divers aspects apparemment contradictoires de la politique gaulliste : hostilité à la participation britannique, alliance privilégiée avec l'Allemagne fédérale, politique de prestige en Afrique et dans le tiers monde en général, revendication d'un rôle sans commune mesure avec les moyens de la France afin de forger un avenir qui comblerait à terme les ambitions de ce pays.

L'éventualité d'un échec était présentée comme dangereuse pour la paix internationale. Le sort d'une Europe bientôt étouffée par manque de débouchés et de matières premières est dramatisé par Malraux, qui le rapproche explicitement de la situation de l'Allemagne au temps de la République de Weimar : « [...] *l'Allemagne, malgré sa puissance industrielle, n'est peut-être allée à deux écrasements que pour n'avoir pas trouvé son Far West.* » (p. II[41]). Dans le même esprit, Anton Zischka écrit :

En Allemagne, de nombreux esprits pensaient qu'il fallait profiter de la position médiane de leur pays pour tenter de rétablir l'équilibre entre l'Est et l'Ouest. En 1922 ce but semblait atteint quand Rathenau signa avec Moscou le Traité économique de Rapallo, le 16 avril 1922. Celui-ci fut considéré, à peine conclu, comme une ruse de la politique allemande, comme une tentative machiavélique pour dresser l'Est et l'Ouest l'un contre l'autre. [...] Rapallo fut en réalité bien autre chose. C'était en fait une tentative de politique *européenne*. (p. 45[42])

Malraux insiste lui aussi sur le caractère européen de la confédération qu'il propose. Ce n'est cependant pas sans arrière-pensées, tant il est vrai que l'Europe des uns n'est jamais tout à fait l'Europe des autres. Au terme du deuxième conflit mondial, l'industrie française ne réussit pas à prendre le pas sur l'industrie allemande, mais la France a accès par outre-mer aux terres vierges qui seront le Klondyke ou la Sibérie de l'Europe. Ce sont les Français, après tout, qui tiennent « *encore dans leurs mains tordues un tiers de l'Afrique* » (p. I[41]) ; c'est d'ailleurs en tant que porte-parole de ses concitoyens que Malraux affirme :

« *Jouant peut-être notre dernière chance, nous voulons entre-prendre "de jeter un continent dans la balance des continents"* [...]. » (p. 11[41]). L'Allemagne serait dépendante de la France, plaque tournante entre l'industrie européenne, d'une part, et les marchés et les réserves de matières premières, de l'autre ; en effet, selon le raisonnement de Malraux : « *Dans la mesure où les grandes nations d'Europe sont complémentaires, elles ne le sont pas directement ; c'est pourquoi le moyen le plus efficace de faire l'Europe est sans doute de faire l'Eurafrique.* » (ibid.). Il n'est donc pas surprenant de lire au même endroit : « [...] *je crois que vous commencez à comprendre que, si l'on ne fera pas l'Europe* sans *l'Angleterre, on ne la fera pas* sur *l'Angleterre. Car le Commonwealth est là.* » (ibid.). L'adhésion du Royaume-Uni à l'Europe, mais sans le Commonwealth, ne présentera que des avantages pourvu qu'elle ait lieu dans les mêmes conditions que celles envisagées pour l'Allemagne. La France n'aspire à diriger cette Europe que si le Commonwealth en est écarté et l'alliance anglo-américaine bannie. C'est la concurrence de l'outre-mer britannique, ainsi que le libre-échangisme anglo-saxon, qui fait qu'il y a incompatibilité profonde entre la Grande-Bretagne et l'Europe, comme le confirme Alfred Grosser :

Lorsque le général de Gaulle arrive au pouvoir, on est extrêmement inquiet à Bonn et à Washington et on est plutôt satisfait à Londres. Pourquoi ? Parce que ce qui est nouveau inquiète presque toujours à Bonn et à Washington et parce qu'il semblait que le général de Gaulle, considéré comme germanophobe, comme peu européen, comme anglophile, allait se rapprocher de Londres. L'erreur d'analyse était de n'avoir pas vu que les deux objectifs du général de Gaulle étaient nécessairement : le « rang » et l'Afrique ; et liée à l'Afrique, l'Algérie, considérée à la fois comme un problème à résoudre et comme un frein pour les deux autres problèmes : le rang et l'Afrique. Dans les deux domaines, l'Angleterre était considérée comme concurrente, que ce soit pour le rang au sein de l'Alliance atlantique, que ce soit en Afrique, mais non l'Allemagne.[43]

Le lien entre les deux volets africain et européen du grand dessein gaullien est donc clairement établi. Janine Mossuz, auteur d'un livre sur l'engagement gaulliste de Malraux, y fait d'ailleurs expressément allusion :

C'est pourquoi le grand Far-West que représente l'Afrique a son importance, dans la mesure où il donne à la France seule un poids tel qu'elle aura forcément dans cette Europe une place prépondérante. Cela, André Malraux ne le dit pas. [...] L'Europe et l'Union française apparaissent en fait comme des pions sur un échiquier, comme des éléments tactiques devant jouer un rôle dans une stratégie à l'échelle mondiale. (p. 133[44])

Janine Mossuz veut malgré tout disculper Malraux de sa responsabilité dans la réalisation de ce dessein, en présentant l'écrivain comme un anticolonialiste en désaccord tacite avec le Général : « *Devant une telle divergence des points de vue, on s'explique mieux le silence d'André Malraux et l'ambiguïté de ses rares interventions. Sa fidélité au général de Gaulle lui fait observer une règle à laquelle il ne manquera jamais : l'interdiction d'exprimer en public un désaccord.* » (p. 132[44]). Cette volonté de disculper Malraux prend un tour pathétique dans la suite de l'extrait :

C'est pourquoi, au R.P.F., il préfère employer toute son énergie à illustrer la grande mission qu'il assigne à la France. C'est finalement cette dernière image, celle d'un pays généreux tourné vers les autres, qui l'emporte, dans les interventions, sur les multiples facettes de la réalité des relations franco-indochinoises. Cependant, lorsque André Malraux assigne à la France ce rôle de Titan (« *jeter un continent dans la balance des continents* »), il sait qu'elle ne peut l'assumer seule. Il sait qu'elle doit, pour réussir, s'allier aux autres pays européens. (p. 132[44])

La défense et l'illustration de la « grande mission » de la France dans le monde ne se distingue pas du soutien apporté à la politique eurafricaine ; *elle lui est consubstantielle.* Il est donc difficile de souscrire au raisonnement de Janine Mossuz faisant de Malraux une belle âme qui ne perçoit pas le colonialisme impénitent du Général et ne retient que l'élan généreux de la France tutélaire et bienfaisante. C'est précisément dans les discours officiels que Malraux jouait le rôle qui lui était imparti, et qui consistait à mettre son éloquence au service de l'idéologie propre à justifier la politique gaulliste.

Certes, dans sa «Lettre aux intellectuels américains», Malraux s'était déjà lavé en quelques phrases de l'accusation de colonialisme : *«Laissons le colonialisme, et la manie qu'ont les hommes de ce siècle, en face de la métamorphose la plus profonde que le monde ait connue, de confondre leurs problèmes avec ceux du dix-neuvième siècle.»* (p. II⁴¹). On retrouve dans cette réfutation un peu facile du colonialisme les mêmes thèmes qui étaient présents à l'époque indochinoise : le refus de considérer la colonisation comme un problème de force en même temps qu'un problème d'échange, l'un conditionnant l'autre ; l'idée que le développement est un bien absolu, univoque, indépendamment des conditions dans lesquelles il a lieu, et abstraction faite des «termes de l'échange» et du développement différencié entre centre et périphérie du capitalisme.

À la lumière de cette analyse du grand dessein gaullien, on comprend mieux la relance européenne que les gaullistes favorisèrent de 1958 à 1963, année qui suivait celle des accords d'Évian. Selon Janine Mossuz, Malraux cessa d'évoquer l'Eurafrique lorsque l'échec de la Communauté française fut consommé. Or si Malraux devait dès lors cesser d'évoquer l'Eurafrique, c'est peut-être parce que ce projet n'était plus opportun. En tout cas, Malraux n'avait après 1963 aucune raison officielle d'aborder les aspects économiques ou politiques du grand dessein. En tant que ministre de l'Information en 1958 et pendant sa tournée dans les départements d'outremer avant le référendum sur la Communauté, il avait une certaine responsabilité publique dans cette politique ; mais en tant que ministre chargé des Affaires culturelles, sa fonction était idéologique, et non directement politique. Pas plus qu'aux communistes, de Gaulle ne lui a confié de ministère clef. Ni le dossier indochinois, en 1945, ni l'algérien, en 1958, ne lui ont été proposés.

En ce qui concerne l'Indochine, ni le général de Gaulle ni Malraux n'étaient directement responsables de la guerre, bien que le Général eût opté pour la reconquête et choisi les hommes qui devaient l'entreprendre. Dans un entretien avec Janine Mossuz en août 1967, Malraux laissera entendre qu'il avait prévu la tournure qu'allaient prendre les événements, et qu'il envisageait déjà l'indépendance. Janine Mossuz écrit :

À son sens, le drame le plus angoissant était vécu par les paysans anna-mites totalement endettés, aux prises avec des usuriers chinois de type médiéval. Selon lui, une libération autoritaire des créances, décidée par le gouvernement français, aurait acquis à la France 80% de la population indigène, qui aurait touché ainsi une preuve concrète de la bonne volonté. Cette décision n'aurait d'ailleurs pas dû être prise dans l'espoir de perpé-tuer la domination française, mais pour que les rapports ultérieurs soient rendus plus faciles. D'autre part, il fallait envisager un partage des terres, en négociant avec Ho Chi Minh : cela signifiait, pour Malraux, qu'on adop-tait à ce moment-là, la perspective de l'indépendance. (p. 131[44])

Si telle avait été réellement sa position, Malraux aurait fait preuve d'une grande clairvoyance. Mais c'est seulement en Afrique que l'on pourra comparer l'intention et les résultats.

La chute de Dien-Bien-Phu le 7 mai 1954 a été comme le signal du déclenchement de la révolte algérienne. La position initiale de Malraux quant au problème algérien est celle d'un partisan de réformes éminemment nécessaires et qui assigne à l'État le même rôle d'arbitre qu'au temps de *L'Indochine* :

[...] La politique colonialiste n'est pas la mienne, mais on peut la conce-voir cohérente. La politique de création de l'Union française aussi. Celle qui proclame les Droits de l'Homme en refusant de les reconnaître, qui espère *concilier* les fellagha et les « gros colons », est inintelligible. En réalité, cette conciliation a été le plus souvent, naguère, celle des représen-tants réconciliés dans le partage du pouvoir, l'embrassade des avocats à la buvette du Palais. Reste à savoir si les représentés s'embrassent aussi.

Que les Français le veuillent ou non, ils devront changer la structure de l'État, pour lui rendre sa fonction véritable, qui est de gouverner — au sens où l'on gouverne un bateau.[45]

En utilisant l'épithète *colonialiste*, Malraux ne se référait qu'à la forme classique de domination administrative. Comme dans les années Vingt, il se fait l'avocat des droits civiques sans admettre une mise en cause du cadre étatique ou économique de l'Empire, fût-il rebaptisé « Union » ou « Communauté » française. Si la pression des événements devait l'obliger à changer de point de vue, il acceptait progressivement, et sans doute plus vite que le général de Gaulle, des modifications structurelles. C'est ainsi que le 16 mars 1958, peu avant le retour du général de Gaulle au pouvoir, Malraux déclarait à Jean Daniel :

Vous comprenez, le colonialisme honteux n'est pas plus viable que le capitalisme honteux. Ils sont condamnés. C'est pour cela qu'il faut réinventer des formules. Savoir à temps ce qui est condamné, c'est un principe de vie pour les individus, pour les nations, pour les civilisations. [...]
Pour l'Algérie, naturellement, j'ai, moi, ma solution, disons, provisoire. Pour faire survivre l'Europe, tout en cédant au nationalisme, il faut tout de suite faire une zone pilote. [...] Et après un contrat passé avec le sultan du Maroc et Bourguiba. Sans ce contrat, rien de possible. Dans cette zone on fait tout : du stakhanovisme, des réformes agraires, des kibboutzim, des villages arabes exemplaires, des barrages, tout le grand jeu. [...] Cela ne supprime aucune négociation ni aucun acte politique. Mais cela crée une mystique de la réalisation. La seule arme que nous ayons à opposer au « tempérament » F.L.N.. Après, on peut construire la Fédération franco-nord-africaine, parce que, pour une fois, les peuples d'Afrique du Nord auront vu quel bénéfice ils peuvent tirer de nous. En même temps, c'est la France qu'on redresse, parce qu'on lui donne un but.   (pp. 249-50[46])

Ce projet avait peut-être des chances de réussir à condition d'y mettre les moyens, mais cela aurait signifié *primo*, l'abandon des objectifs essentiels de la politique colonialiste et, *secundo*, l'abandon de ceux qui la défendaient, à savoir les colons.

En tant que ministre de l'Information, Malraux ne s'exprimait pas autrement en public, comme en témoigne cet extrait d'un discours qui semble attester la mise en œuvre de son programme :

Mais nous savons que notre objectif n'est plus le colonialisme. Devant notre plan de liquidation de l'analphabétisme qui évoque celui de la Chine et dont nul État arabe ne propose un équivalent, devant la fraternisation entre les musulmans et les jeunes soldats du contingent, devant la libération des femmes faite avec nous, l'égalité des droits proclamés par nous, la création des secteurs-témoins qui, en un an, feront passer leurs premiers villages du Moyen Âge au XXᵉ siècle, les élections préparées malgré tant d'obstacles, le combat de la France redevient, une fois de plus, celui de l'Occident — qui ne s'y méprend pas.[47]

Comme l'Histoire l'a montré maintes fois en matière de décolonisation, les réformes proposées pour résoudre le conflit en Algérie étaient à la traîne des événements. La loi-cadre, les zones pilotes et, en Afrique noire, les statuts d'Union, puis de Communauté française, étaient autant de vaines tentatives d'infléchir le cours de l'Histoire alors que les dégâts s'étaient déjà produits. Les étapes successives de la décolonisation sont émaillées de déclarations d'intentions destinées à rester lettre morte. De Gaulle n'a pu concilier les intérêts des pieds-noirs et des fellagha : aussi n'avait-il plus le choix et il a sacrifié les premiers aux futurs intérêts de la France dans le domaine de ses relations avec ses partenaires d'outre-mer. La Communauté fut créée pour prévenir en Afrique noire une évolution à l'algérienne ; mais les divergences entre les intentions affichées et la réalité étaient telles qu'elle fit long feu. Guy de Carmoy ne s'y est pas trompé :

Contrairement à l'article 1ᵉʳ de la Constitution, la Communauté n'est pas fondée sur l'égalité des peuples. La prépondérance de la République française se manifeste par l'identité entre le président de la République et le président de la Communauté et par la concentration des pouvoirs exécutif et législatif sur la tête de ce président commun.   (p. 275[36])

Après que l'infortunée Union française eut fait place à l'éphémère Communauté, le problème algérien restait entier et il faisait planer une menace sur l'entreprise communautaire. Malraux déclare avoir alerté à ce sujet le général de Gaulle :

Enfin tout le monde sait très bien quelle était ma position sur l'Algérie... Je considérais que la France ne pourrait pas ne pas aboutir à l'accord avec l'Algérie. Il s'agissait de savoir comment, mais il ne s'agissait pas du tout de savoir si on pouvait maintenir la position de guerre. J'estimais que, par rapport à ce qu'il attendait de la France, si c'était pour faire la Communauté, on ne pouvait pas faire à la fois la Communauté et maintenir la volonté de guerre en Algérie. C'était l'un ou c'était l'autre.   (p. 114[35])

C'est dans cet esprit que de Gaulle prendra plus tard la seule décision en matière de décolonisation à laquelle il n'ait pas été acculé par les événements : l'indépendance formelle a été octroyée (et imposée dans le cas du Gabon !) aux territoires français d'Afrique noire ; elle n'a pas été arrachée par des mouvements de libération nationale. Différence capitale, car elle commandait tout le jeu des rapports économiques entre l'ancienne métropole et ses partenaires. Nul ne sait si l'influence de Malraux a contribué à ce processus.

Ce qui est sûr, c'est que Malraux n'avait initialement aucune idée préconçue des causes profondes de la révolte algérienne. En 1958 Malraux considérait que la lutte du F.L.N. procédait davantage d'un regain du sentiment religieux islamique sur fond d'hostilité anti-occidentale que de l'émergence d'un authentique sentiment national :

> [...] je crois à la fatalité du kemalisme pour les nationalistes musulmans. D'ailleurs, « nationalisme », il faudrait voir. Ce n'est pas exactement la forme habituelle. Attachement à la terre, comme petite patrie, avec régionalisme à la clef, et sentiment national débordant sur la communauté arabo-islamique. Remarquez, quand les musulmans ne sont pas arabes comme en Iran, en Turquie ou au Pakistan, le sentiment national vient plus vite.
>
> (p. 247[46])

Les deux volets du grand dessein gaullien sont parfaitement cohérents. Qu'il s'agisse de la construction de l'Europe autour de la France ou de l'Afrique post-coloniale avec siège social à Paris, le cadre proposé permet au nationalisme de s'exprimer librement, tout en réservant à la France des avantages notables : un rôle de grande puissance, le champ d'une politique mondiale, des retombées pour son industrie et des réserves inépuisables de main-d'œuvre et de matières premières. Pour l'heure, c'est l'Allemagne qui devient le pôle d'attraction de l'Union européenne et qui se crée une zone d'influence dans les anciens pays satellites de la Russie ainsi que dans les petits États septentrionaux de la Yougoslavie éclatée.

Si l'on s'en tient aux déclarations occasionnelles de Malraux, il est très difficile de voir en lui un penseur politique. Entre les épithètes que lui a values sa qualité de ministre gaulliste et celles qu'il appliquait à ses propres ambitions, il y a un abîme. C'est dire combien il est délicat de porter un jugement sur la pensée politique de Malraux, si tant est qu'elle ait existé comme un ensemble cohérent. Que penser, par exemple, de ces commentaires rapportés par un journaliste en 1947 ?

> Malraux estime que le R.P.F. de De Gaulle est condamné s'il ne parvient pas à rallier la gauche. Il ajoute : «Nous sommes embarrassés par certains de nos sympathisants de droite. Et nous n'y pouvons rien.»
>
> Il s'est laissé aller à une confession curieuse : s'il y avait aujourd'hui en France un mouvement trotskiste qui eût quelque chance de succès au lieu de la poignée de discuteurs qui se querellent avec les communistes, il serait trotskiste et non gaulliste.[48]

Cette « *confession curieuse* » relève-t-elle de la boutade ou de la provocation ?

Il lui échappait souvent d'autres propos tout aussi déconcertants. Pendant que les combats faisaient rage en Alsace, il déclara à Roger Stéphane : « *Puisqu'il ne peut être question d'adapter le socialisme russe, on tentera d'adapter le socialisme anglo-saxon.* »[49]. Malraux travailliste ? Si saugrenu que cela puisse paraître, c'est peut-être bien à des solutions travaillistes que songeait le commandant de la brigade Alsace-Lorraine pour surmonter les difficultés sociales à la fin de la guerre. Peu après la fondation du R.P.F. il avouait à Émile Lecerf qu'il souhaitait un renforcement de la gauche du mouvement :

> Ce que vous dites de la polarisation française est très juste et ne fait d'ailleurs que commencer, mais il n'y a là qu'une seule question sérieuse : c'est de savoir si dans les trois ou quatre mois qui vont venir, nous pourrons constituer une solide *gauche* du Rassemblement pour que celui-ci prenne tout son sens.

On ne peut pas dire avec précision que ce soient les classes moyennes qui appuient le général de Gaulle. La situation, provisoirement du moins, est assez peu analysable selon le marxisme. Les socialistes qui sont avec lui ne sont ni ceux de droite, ni ceux de gauche ; ce sont ceux qui ont réellement appartenu à la Résistance ; les M.R.P. qui sont avec lui sont surtout les moins soumis à l'Église, etc.. Quant à la droite, comme je vous l'ai dit, le grand patronat nous hait.[50]

Quelques années plus tard, pendant la « traversée du désert », Malraux allait apporter son appui à la politique de Pierre Mendès-France. Dans un entretien avec *L'Express* en décembre 1954, il saluait la renaissance de la gauche libérale, non-marxiste, symbolisée par le leader radical[51].

Malraux se serait-il trompé de camp en s'alliant précisément avec ceux qui n'avaient pas intérêt à la réalisation des objectifs qu'il proclamait ? Ou bien privilégiait-il secrètement d'autres buts, en mettant à profit la « caution de gauche » qu'il apportait au gaullisme ? La seconde interprétation semble plus plausible, si l'on en juge d'après ses réponses laconiques aux questions d'Olivier Todd en 1975 :

Vous êtes-vous vu, André Malraux, comme le trait d'union entre de Gaulle et la gauche ?
A. M. — Oui, absolument.
Avez-vous l'impression que cela a été une réussite ?
A. M. — Non. Mais on a réussi d'autres choses.   (p. 107[52])

Puisqu'il est clair — ses propres déclarations en font foi — que Malraux jouait effectivement son rôle d'idéologue et qu'il n'était pas une simple figure de proue du gaullisme, il serait bon d'identifier les idées qui faisaient de lui un trait d'union entre la gauche et le gaullisme.

Un article non signé de *L'Express*, paru en mai 1953, est particulièrement troublant à cet égard : « *André Malraux* [...] *termine la rédaction d'une gigantesque étude de l'évolution des classes sociales à propos de laquelle le général lui a dit :* "Vous serez le Karl Marx du xxe siècle." »[53].

Bien que je n'aie retrouvé aucune trace de cette étude[54],

d'autres sources permettent de cerner les notions essentielles qu'aurait pu contenir ce texte inédit et sans doute inexistant. Or la pierre angulaire du marxisme est certainement la propriété collective des moyens de production. Lors de la conférence du Mouvement de libération nationale en février 1945, Malraux déclarait :

Mais il est un point sur quoi nous ne transigerons pas, c'est-à-dire que si ce point était écarté, quiconque d'entre nous est au gouvernement doit s'en aller, quiconque d'entre nous combat doit quitter son combat — s'il n'est pas dans l'armée —, quiconque prétend représenter le gouvernement doit cesser de le représenter. Ce point c'est la donnée essentielle de la volonté révolutionnaire, c'est la fin du capitalisme : la nationalisation du crédit en est la clé... On peut détruire le système de crédit capitaliste dans l'ordre, si c'est l'ordre qu'exige le gouvernement de la France...   (cité p. 312[13])

Cette volonté de rupture avec le capitalisme déclinera au fil des ans et le programme de nationalisations sera finalement remplacé par la doctrine gaulliste de l'association capital-travail, jusqu'à ce que l'échec du référendum de 1969 sur la régionalisation — conçue comme une étape de cette réforme — provoque le départ du Général. En matière de « participation », il est utile de se référer à Raymond Aron, témoin particulièrement précieux puisqu'il fut directeur de cabinet de Malraux lorsque celui-ci était ministre de l'Information :

Le général de Gaulle présente sa philosophie sous une forme dialectique. Il rejette le capitalisme — la thèse — parce qu'il entretient la lutte de classes, prolétaires contre bourgeoisie, ouvriers contre entrepreneurs. Il condamne le communisme — antithèse — parce que, totalitaire, il crée une unité factice par la force et par le despotisme. Au-delà des deux — synthèse — l'association ou la participation. Mais, à ma connaissance, le général de Gaulle n'a jamais dit en quoi consiste l'association ou la participation.[55]

Cette synthèse doctrinale ne doit sans doute pas grand-chose à Malraux, qui se méfiait beaucoup de la participation :

J. B. : Et la participation. Vous, André Malraux, vous n'y croyiez pas tellement à l'association capital-travail ?

André Malraux : *C'est ce que je lui ai dit. Mais, je lui ai dit aussi :* « *Je ne crois pas qu'on puisse tellement régler un problème comme le problème social avec la participation. Seulement, ce que je crois, c'est que, quand on commence par la participation, on va quelque part.* [...] »

(p. 112[35])

Un des thèmes qui reviennent le plus fréquemment dans les déclarations de Malraux est celui de l'avènement de la société des machines, avec les conséquences sociales qui en découlent :

S'il s'agit, non de cette civilisation, mais du machinisme, où est la décomposition ? La machine nous menace par sa croissance, et non par son déclin. En même temps que le communisme devient stalinisme, il annexe nombre de formes capitalistes, et d'abord les privilèges ; tandis que le capitalisme attaqué se socialise, et se transforme comme le fit le catholicisme après la grande attaque protestante.   (p. vi[56])

Le travailleur est assujetti dans le système socialiste comme sous le capitalisme à la dure loi des machines, qui exige, dirait Marx, le même sacrifice de travail non-payé. Cette part de la production allait dans un cas comme dans l'autre s'investir dans la recherche et la construction de nouveaux moyens de production, don propitiatoire pour assurer la prospérité future.

Un autre facteur marquant de l'époque post-marxiste est l'importance croissante du secteur tertiaire. Il s'en expliqua avec Olivier Todd en 1975 :

Aujourd'hui, nous avons un secteur tertiaire majoritaire. Si nous voulons parler par rapport à Marx, il faudrait tout de même parler de ce problème-là. Ce n'était pas vrai en 1938. Si l'on est marxiste l'on dira : « Le marxisme englobe toutes les catégories, même les nouvelles, et permet de les réassimiler. » Bon. Là-dessus, je dirai fermement : ce n'est pas mon avis. Ce temps est en face de son propre monde, dont il a excessivement peu conscience. C'est à travers une nouvelle conscience du monde que nos catégories se poseront.   (p. 100[52])

Malraux, en effet, mise moins sur une mobilisation des salariés de l'industrie que sur l'émergence d'une Nouvelle Classe Universelle, consécutive à l'explosion du secteur tertiaire. Il n'en parlait guère en public avant 1968, mais voici qu'il lance en

51

octobre de cette année-là une bombinette révisionniste :

> Je considère à l'heure actuelle que le problème national est plus important que la lutte de classes. Pour deux raisons : la première, c'est que l'évolution a été gigantesque. Nous avons sept millions et demi d'ouvriers en France, sept millions et demi d'électeurs ouvriers sur trente millions de votants. C'est dire que la réalité n'est en rien marxiste. Nous n'avons pas du tout de majorité ouvrière et ce n'est pas à travers l'idée complètement fausse d'une majorité ouvrière que nous pouvons faire quelque chose.
>
> (p. 91[3])

Affublée dans la prédication malrucienne d'une conscience de classe aussi historique et universaliste que celle du prolétariat qui la précédait, la Nouvelle Classe Universelle est la cible visée par l'idéologie du « nouveau Marx ». C'est en vain, cependant, qu'on chercherait à en définir le profil à travers les déclarations de Malraux. Il n'y a pas d'autre critère en l'espèce que cette conscience de classe. À la différence du prolétariat révolutionnaire, la Nouvelle Classe Universelle n'a pas pour mission d'abolir l'antagonisme de classes, sauf par une intégration progressive sous la bannière nationale et dans l'unité du peuple vue sous l'angle de l'Histoire. Malraux l'idéologue décide ainsi de jouer la carte de l'histoire nationale pour provoquer le sursaut qu'il appelle de ses vœux. Voici l'explication qu'il donne à Senghor : « *Il me semble* [...] *que l'Histoire a trouvé sa puissance lorsqu'elle a répondu à des appels irrationnels. Comme la religion. Peu importe que l'une ou l'autre répondent bien, mais il importe qu'elles répondent, quand le reste se tait.* » (ML, 526). (Malraux paraît donc se rendre volontairement coupable de cette soumission aux passions politiques condamnée par Julien Benda, qui fut peut-être le premier à expliquer pourquoi la passion du nationalisme l'emporte en efficacité sur celle du socialisme, pourtant relativement rationnelle (p. 186[57]).) Cette vision historique du gaullisme apparaît bien à travers ce que Malraux dit d'Edmond Michelet :

> Il a représenté un type humain qui a joué un rôle considérable dans notre histoire, et que pourtant personne n'a incarné complètement, pas même lui,

pas même Péguy pour d'autres raisons : l'homme d'action qui veut l'accord de l'Histoire et de la Foi, *à travers le peuple*. Et peut-être d'abord à travers le peuple français tenu pour l'héritier de celui des Croisades, et même celui de l'an II pour qui la Liberté remplaçait la Foi. Ce peuple n'est pas le prolétariat. Paysan plus qu'ouvrier, moins parce qu'il appartient à la terre que parce qu'il appartient aux siècles. Antérieur à l'usine, antérieur à la machine. (p. x[58])

Hormis l'introuvable étude des classes sociales en France, le texte ci-dessus est peut-être celui qui donne l'idée la plus exacte de la Nouvelle Classe Universelle, mais s'agit-il ici de sociologie ou simplement de propagande gaulliste ? Le second terme de l'alternative est le plus probable, car on imagine mal le Général confiant à Malraux l'élaboration d'une véritable recherche sociologique.

Tout comme d'autres groupes qui se prétendent révolutionnaires, le R.P.F. se voulait l'avant-garde d'un mouvement de masse, ce petit nombre d'hommes entre les mains desquels se joue le destin du monde ou, comme dit encore Malraux, le «*fer de lance*» (p. xi[58]). Pour de Gaulle, la légitimité du chef de l'État passe aussi par un lien mystique avec le peuple. Il n'est pas plus saugrenu d'identifier l'homme du 18 Juin à l'intérêt suprême de la nation que de postuler la coïncidence des intérêts de la classe ouvrière avec ceux du Parti communiste. Malraux, en tout cas, campe sur ses positions de l'époque indochinoise : l'État est bien la manifestation de l'intérêt général.

En reconstruisant l'État, de Gaulle voulait surtout renforcer l'exécutif, ce qui lui imposait de mettre un terme aux prétentions hégémoniques des partis. À mesure que le mouvement gaulliste s'enracinait dans la vie française, deux tendances se faisaient jour parmi les gaullistes, les uns voyant dans le mouvement «*un parti parmi d'autres*»[59] et comptant en assurer la pérennité par la voie constitutionnelle tandis que les autres considéraient le R.P.F. et ses avatars successifs comme un mouvement insurrectionnel et un recours extra-parlementaire. Malraux se rattachait à ce dernier courant et c'est pourquoi il se refusait à briguer un mandat électif, car cela relevait à ses yeux de la basse politique. Lors de la Fronde de vingt-sept députés R.P.F. qui votèrent en mars 1952 l'investiture du gouvernement d'Antoine Pinay, il blâma cette concession au jeu des partis politiques, qui consiste à composer au lieu de choisir. Il allait rester fidèle à cette ligne de conduite pendant toute sa vie de militant gaulliste. Vers la fin des années Quarante, il avait évoqué à mots couverts l'éventualité d'un coup d'État gaulliste[60], ce qui explique peut-être l'ironie de Jean Lacouture décrivant non sans malice la nuit du putsch des généraux d'Alger d'avril 1961 pendant laquelle Malraux « *s'invente communard contre les Versaillais d'Alger* » (p. 369[13]). Il vivait la politique comme un mythe historique.

Le verdict de l'Histoire ne retiendra pas cette tentation insurrectionnelle du mouvement gaulliste. La « force référendaire » du Général, qui consistait à proposer un choix entre des conditions à accepter en bloc et le retrait du Général (« moi ou le chaos »), légitimait des pouvoirs consulaires très étendus. Elle ne cessa cependant de s'amenuiser au profit du pouvoir constitutionnel de la formation parlementaire qui se réclamait du gaullisme. Ce double mouvement pourrait être représenté par deux courbes, l'une descendante et l'autre ascendante, qui se rencontrèrent après mai 1968[61]. Si les élections législatives de juin 1968 se soldèrent par un raz de marée gaulliste, le « Non » l'emporta nettement au vote du référendum d'avril 1969, moins d'un an plus tard.

volonté et destin

Il n'y a rien d'étonnant à ce qu'une tendance politique revendique le bien-fondé de sa doctrine et qualifie d'impostures celles des autres. Le gaulliste Malraux rejette l'idée même de doctrine et réhabilite la notion du fait historique :

L'idéologie a joué un tel rôle dans notre Révolution, que, pour nous, le doctrinaire est l'auteur d'une doctrine, non son incarnation. Saint-Just ne se souciait pas d'appliquer les *Institutions* ; sa véritable doctrine était

54

le Salut public. Le rival du *Manifeste* de Marx n'est pas une théorie gaulliste, c'est l'appel du 18 Juin. (*ML*, 704)

C'est peut-être pour des raisons du même ordre que l'ancien délégué à la propagande du R.P.F. préférait laisser à l'Histoire le texte de ses discours plutôt qu'une étude des classes sociales en France.

Au-delà du fait historique proprement dit, de l'acte qui transforme le destin, il s'agit de l'expression d'une *volonté*, terme que Malraux affectionne, et qui prend de nos jours la forme de *volonté nationale* : « [...] *il n'y a pas de destin historique aujourd'hui hors de la volonté nationale* »[62]. C'est cette mythisation de la volonté et de l'Histoire qui rendait Malraux si critique à l'égard des intellectuels de gauche :

Ce que je reproche ici aux intellectuels c'est qu'ils traitent de la politique de façon irresponsable. [...] dans les discussions de café de Saint-Germain-des-Prés, la politique est quelque chose qui ne résiste pas. Valéry donnait comme définition du réel : ce qui résiste. Les intellectuels dont je parle sont des gens pour lesquels il n'y a pas de résistance. Au contraire pour l'homme politique, la première tâche est de déterminer la nature de la résistance et les moyens éventuels à employer pour en venir à bout.

(pp. 124-5[30])

À cette intellectualisation de la politique, Malraux opposait une *Realpolitik* aux prises avec la matière de l'Histoire et animée de la volonté d'agir sur elle. L'action d'une volonté sur cette réalité historique la transforme en *destin assumé*.

Le décryptage de cette formule obscure en fait ressortir la contradiction intrinsèque. Dans un numéro de *Carrefour* Malraux fait allusion à la conception cyclique de l'Histoire :

Aujourd'hui, un historien anglais de premier ordre, M. Toynbee, est en train d'inquiéter l'Amérique en parant d'une richesse nouvelle le thème toujours poignant de l'agonie : toute civilisation atteint son apogée par un empire mondial (celui de toutes les terres connues d'elle), puis se décompose sous les coups convergents d'un « prolétariat extérieur » militaire et conquérant, et d'un « prolétariat intérieur » qui donne naissance à une nouvelle religion. Les Goths et le christianisme. (p. v[56])

55

Malraux s'oppose ici de toute évidence à l'esprit défaitiste qui prend prétexte de l'inéluctable déclin des civilisations pour renoncer à la conquête de l'indépendance ; il est pourtant certain que l'auteur de l'essai intitulé « D'une jeunesse européenne » acceptait cette thèse. Il n'est pour s'en convaincre que d'examiner cet extrait d'un discours où Malraux semblait annoncer à ses auditeurs un déclin inexorable, tout en les engageant à lutter sans relâche pour repousser l'échéance :

> Quand, un jour, selon la vieille phrase, sur le lieu qui fut Paris « s'inclineront les joncs murmurants et penchés », peut-être sera-t-il dit que sur ce lieu-là, à une date qui est celle-ci, avec un homme que vous connaissez, nous avions rétabli le langage fraternel de la fierté. [...] Assez [...] de théories de l'Histoire. Il y a un théoricien de l'Histoire par siècle et nous n'avons pas le temps d'attendre cent ans.[63]

Malraux est rarement conséquent en matière de terminologie : chez Rousseau, le destin découle d'une conception progressiste de l'Histoire, et non pas de l'Histoire informe et hostile telle que la voit Malraux — une puissance sardonique qui se joue des entreprises humaines. Au cœur même de la conception malrucienne de l'Histoire, il y a une étrange ambivalence. L'écrivain ne réussit pas à taire cette évidence profonde qu'il entend sourdre de l'Histoire, pas plus que l'homme ne peut ignorer les signes avant-coureurs du déclin physique à mesure que passent les années. Malraux ne renie pas ses convictions les plus intimes en affirmant sa volonté de résister à cette condamnation prononcée par l'Histoire : il les proclame. Ainsi de Gaulle représente aux yeux de Malraux l'homme de l'Histoire dans la mesure où il a fait face à l'ennemi, c'est-à-dire à l'Histoire : « *Le domaine de références du marxisme lui est étranger. L'Histoire tenue pour destin évoque pour lui celle de Rousseau ; il ne tient pas l'avenir pour secourable, mais pour ennemi, et nul cours de l'Histoire ne suffit à y rétablir et y maintenir la France.* » (ML, 718).

4. LA REVANCHE DE L'HISTOIRE.

Malraux citait volontiers Richelieu, pour qui la politique était « *délibérée, pensée en fonction d'une histoire* », et qui envisageait des mariages royaux au troisième degré, destinés à servir son dessein historique (p. 8³³). La politique conçue comme « *une partie d'échecs avec le destin* » (*ibid.*) telle qu'elle est évoquée par Malraux fait cependant plutôt penser à Machiavel, autre stratège politique, et notamment au passage mémorable du *Prince* sur ce que peut la *vertu* contre la *fortune*. À l'instar du secrétaire florentin encourageant les Médicis à réaliser l'unité italienne, Malraux voulait voir de Gaulle canaliser les forces obscures de l'Histoire pour assurer la place de la France dans le monde de son temps. Endiguer ces forces impétueuses, les dominer, savoir enfin les détourner pour les faire servir à ses fins, voilà le propre du maître de l'Histoire. Malraux n'en voyait que deux exemples incontestables à l'époque contemporaine : le général de Gaulle et le président Mao. De Gaulle, quant à lui, n'avait réussi que jusqu'au moment où les forces de l'Histoire avaient pris leur revanche. La réussite apparente du Général ne pouvait donc pas lui faire oublier que de Gaulle avait été pris au dépourvu par mai 1968. Malraux lui trouve des excuses, mais il constate que de Gaulle, pour une fois, n'a pas su prévoir les événements :

Il n'a plus affronté la grande houle — une autre — qu'en Mai 68. [...] Il avait prévu la révolte militaire [...] ; il avait prévu la crise de la jeunesse : États-Unis, Hollande, Italie, Allemagne, Inde, Japon, même Pologne... Mais nul n'avait prévu la conjonction prochaine de cette crise avec un vaste mouvement syndical. La situation en prenait un accent du XIXᵉ siècle, fête et barricades, tout différent de celui qu'avait pris la grève des mineurs par exemple. Mais l'émeute estudiantine, comme dans d'autres pays, montrait déjà que sa nature profonde n'était pas celle de l'insurrection : elle se voulait irrationnelle, et son propre objet. (*ML*, 725)

Cette fois ce ne sont plus les communistes seuls qui sont en retard d'une révolution, c'est aussi l'homme de l'Histoire. Les gaullistes ont eu beau remporter une écrasante victoire électorale, l'ampleur du mouvement de contestation signifiait la fin de la mystique gaulliste. Peut-être la seule consolation de Malraux fut-elle de constater que les gaullistes n'étaient pas les seuls à être dépassés par l'Histoire. Les marxistes doctrinaires, le P.C.F., les syndicats se sont trouvés mis en question par les insurgés de mai. Le P.C.F. a subi un revers encore plus cuisant que les gaullistes sur les deux plans de l'opportunisme politique et de l'exploitation idéologique de la crise, perdant la bataille des élections après celle des slogans et des manifestations, et après avoir saboté celle des barricades. À bien des égards, même s'il semblait parfois s'enliser dans la métaphysique, Malraux s'est montré plus ouvert à ce qu'il y avait d'inédit dans cette insurrection symbolique que les théoriciens de gauche, mis à part les situationnistes.

Le 30 mai 1968, c'est le refus de se démettre qui fait la légitimité du chef de l'État : il fait face à Mai comme il avait affronté la défaite de 1940. À son départ un an plus tard, de Gaulle laissait une bonne constitution et des institutions solides, mais personne ne savait si une véritable volonté politique se manifesterait à la tête de l'État. Inévitablement l'Histoire se mue en politique : « La politique historique de la France — et le général de Gaulle y était de plain-pied — c'était d'abord une volonté française, une conception délibérée de la France : le reste n'était que gestion des affaires courantes. » (p. 6[33]).

On conçoit donc aisément qu'après le départ du général de Gaulle, il n'y ait plus pour Malraux d'événements historiques, mais uniquement ce *« jeu de marionnettes sinistre »*, sorte de parodie du temps où les géants marchaient sur la terre[64]. Le monde de l'après-gaullisme est un monde absurde, peuplé de nains :

— L'époque de De Gaulle fut celle des hommes de grand format. Il y a eu une génération d'hommes de grand format, maintenant il n'y a plus de grand format nulle part ; d'ailleurs, ce n'est que naturel car l'humanité ne peut pas supporter longtemps les hommes de grand format, car l'apparition de ces hommes est liée à de grands événements et l'humanité ne peut pas les supporter indéfiniment. (p. 19[65])

Cette affliction frappe non seulement la France, mais aussi l'Europe tout entière :

« L'Europe ne cherche pas l'unité ; elle ne cherche rien. En ce moment elle désire une Europe mythique, dont nous savons tous qu'elle est souhaitable, mais qui ne prend pas réellement corps en termes d'organisation administrative, politique, militaire. Rien de tout cela ne me paraît très sérieux. » (p. 32[66])

Accomplissement d'un dessein historique, l'U.R.S.S. n'est guère plus convaincante : « *Il existe une idéologie historique du monde communiste. Mais elle ne s'exerce pas actuellement. Elle impliquerait — elle a impliqué — que l'U.R.S.S. agisse en tant que garant d'une politique communiste mondiale. Ça, c'est terminé.* » (p. 11[33]).

L'analyse que fait Malraux de la politique des États-Unis pendant l'après-gaullisme est particulièrement significative :

Il se passe quelque chose d'extrêmement curieux avec les États-Unis : c'est le premier pays de l'histoire qui sera devenu le plus puissant du monde sans l'avoir cherché. [...] ils ont été maîtres du monde pour avoir voulu vendre le mieux possible ce qu'ils produisaient.

C'est un fait complètement nouveau, qui n'était jamais arrivé. Et la conséquence c'est qu'ils n'ont jamais eu de véritables desseins historiques. Je dirai, avec naturellement un peu d'humour, il n'y a pas de politique américaine : il y a cinq ou six politiques américaines, parce qu'il y a en Amérique de très grandes puissances ; et ces puissances, généralement économiques, mais pas seulement, ont, elles, certains desseins.[64]

Le baron Robert Clive en Inde et sir James Brooke à Sarawak, Malraux l'oublie un peu vite, n'agissaient pas non plus pour le compte de la Couronne. À l'heure des multinationales, il n'est plus besoin de Colonial Office. En poussant l'analyse, on constate ici chez Malraux le refus de considérer que les lois erratiques du capitalisme pourraient structurer l'Histoire.

Un homme d'État égalait toutefois le général de Gaulle, c'était le président Mao, qui s'y était pris beaucoup plus adroitement que les gaullistes puisqu'il avait su téléguider à ses propres fins la jeunesse en révolte :

Il n'y a, bien entendu, qu'une force qui puisse venir à bout du Parti — c'est l'Armée. Mais Mao n'est pas un homme à faire un coup d'État militaire. Alors il jette les enfants dans les rues des villes, sur les places des communes, et le long des rizières. Ils vont tout bloquer, parce qu'ils constituent une arme imparable. Et le Parti, contre eux, ne pourra rien faire. Et derrière eux s'avancera l'Armée qui rendra le pouvoir à Mao.

(p. 138[67])

Le génie politique ne confère pourtant une dimension historique qu'à la politique intérieure de la Chine. Sa politique étrangère reste en revanche une mise en scène parfaitement accessoire :

Regardez la Chine. Quand on y reçoit le Président des « Zombis », ça devient du Shakespeare. Le Président — qui ne signifie rien — est reçu sur 27 kilomètres par les flots de rubans qu'agitent devant lui des centaines de danseuses [...]. Ensuite, le type revient chez les « Zombis », et qu'est-ce qui change ? Rien. Nous vivons une époque de psychodrame, et tous les rats qui ont occupé le bateau se sont mis des casquettes de capitaine.

(p. 13[33])

Ce monde ressemble étrangement à celui que décrit le jeune Malraux des années Vingt. À Guy Suarès qui lui demandait en 1973 : « *Comment ressentez-vous le monde d'aujourd'hui ?* » il répondit : « *D'abord, comme provisoire* » (p. 22[4]), revenant ainsi à l'univers absurde de sa jeunesse, décrit dans « D'une jeunesse européenne » (1927) :

La jeunesse européenne est plus touchée par ce que le monde peut être que par ce qu'il est. [...] Elle veut voir en chaque homme l'interprète d'une réalité provisoire.
Provisoire...[68]

Le Malraux de l'après-gaullisme sera dans le droit fil de l'aventurier des années Vingt lorsqu'il cherchera à donner un sens à sa vie en tentant de participer à une lutte de libération nationale. Le Bangladesh en 1971 correspond à l'Indochine de

1925. Le Malraux de 1971 n'est malheureusement plus l'aventurier nerveux et ambitieux qui, une cinquantaine d'années plus tôt, avait quitté l'Europe pour chercher fortune en Asie. Il y a quelque chose d'affligeant dans le spectacle de ce vieillard illustre croyant probablement aller au-devant d'une mort glorieuse qui va couronner sa légende. Cet acte plus insolite que véritablement politique, il l'a rationalisé dans une « Lettre ouverte à M. Nixon »[69], où il s'en prend aux velléités impérialistes des États-Unis, qu'il s'était bien gardé d'évoquer pendant l'engagement américain au Vietnam. Émouvante permanence d'un état d'esprit révolutionnaire ! D'autres motifs plus intimes inspiraient sans doute le pseudo-instructeur de guérilla dans son ultime quête de gloire romanesque. Cherchait-il la belle mort que l'Histoire lui avait refusée ou tenait-il enfin sa revanche sur les intellectuels du Café de Flore, lui l'ancien de la guerre d'Espagne et le féal du général de Gaulle, lui que la gauche tournait en dérision depuis vingt-cinq ans ? Se raccrochait-il à l'occasion inespérée de prouver qu'il était toujours égal à sa légende ?

L'aventure manquée du Bangladesh eut d'étranges contrecoups. Le président Nixon demande à Malraux un cours intensif de sinologie avant d'entreprendre son voyage historique en Chine ; Mme Gandhi lui décerne le prix Nehru ; il comparaît comme témoin dans un procès pour détournement d'avion. On dit que Malraux n'a pas de disciples. Il refuse à Régis Debray un statut de fils spirituel que d'ailleurs celui-ci n'aurait sans doute pas revendiqué[40] ; mais voici qu'un partisan fervent s'attache à lui. Ancien déserteur passé au service de l'O.A.S., Jean Kay est un activiste de l'anticommunisme, qui s'engage comme mercenaire au Yémen, en Jordanie, au Biafra, au Liban. Lorsque la guerre éclate au Pakistan oriental, il cherche à partir avec Malraux, s'impatiente devant les obstacles, passe enfin à l'action. Détournant un avion à Orly, il exige en rançon une livraison de médicaments pour le Bangladesh. Mais le pirate maladroit se fait arrêter. Malraux vient à son secours : son intervention à la cour d'assises de Versailles vaut à Jean Kay un verdict de clémence (cinq ans avec sursis)[70].

Les écrits de Malraux révèlent en filigrane une assez grande constance en ce qui concerne sa conception de l'Histoire, qui, elle, est confortée par les événements de cette fin de siècle. Les forces existentielles de l'Histoire paraissent de nos jours désespérément plus fortes que la raison. Aucune idéologie rationaliste ne semble capable de venir à bout des fanatismes, si profondément ancrées, ni des passions racistes, nationalistes ou de classe. En revanche, le génocide perpétré sur son propre peuple par une bande de gauchistes sanguinaires au Cambodge, tout comme l'assassinat par Althusser de sa femme, semblent monter en épingle la déraison de la philosophie marxiste. Ne faut-il pas admettre que parfois la raison enfante des monstres ?

Inquiétante par son côté anti-intellectuel, voire obscurantiste, la conception malrucienne de l'Histoire est contradictoire. Dans le cadre général de la pensée de Malraux, cette Histoire-Destin irrationnelle revêt toutefois une signification positive par le fait qu'elle est le complément, ou le prétexte, de sa pensée culturelle. Dans les pages qui suivent, on verra que l'idée que Malraux se fait de la culture rachète en quelque sorte le caractère nihiliste de son Histoire. Car si Malraux ne peut guère se targuer d'une pensée politique ou historique systématique, il peut en revanche se prévaloir à juste titre du droit d'interpeller l'Histoire au nom de la Culture.

II

LA CULTURE ET LA POLITIQUE

> « [...] *ayant vécu dans le domaine*
> *incertain de l'esprit et de la fiction*
> *qui est celui des artistes, puis dans*
> *celui du combat et dans celui de*
> *histoire* [...]. »   (*ML,* 4)

1. L'AUTORITÉ DE MALRAUX.

En raison de son expérience et de son œuvre, Malraux parlait
avec une très grande autorité de la relation entre culture et
politique. Les congrès d'écrivains tenus entre 1934 et 1937 à
Moscou, Paris, Londres et Madrid lui ont donné l'occasion
d'intervenir brillamment dans les débats entre intellectuels
antifascistes et marxistes. Les discours qu'il prononça dans les
réunions du R.P.F., à l'U.N.E.S.C.O. en mars 1946, et lors du
Congrès pour la liberté de la Culture, salle Gaveau, en mai 1952,
ses essais sur l'art plastique, ses articles occasionnels publiés
dans des revues, les films auxquels il a participé, tout cela lui
valut un large public. Mais la véritable consécration vint sans
doute avec la nomination au poste de ministre d'État, chargé des
affaires culturelles, fonction qu'il exerça pendant plus d'une
décennie. L'action qu'il mena à ce titre allait favoriser le rayonnement mondial de la culture française telle qu'il la concevait,
et à laquelle il avait si éminemment contribué.
   L'autorité dont jouissait Malraux était d'ailleurs justifiée par
ses expériences personnelles dans le monde des arts et lettres,

mais aussi par sa connaissance des personnages de notre siècle. Ainsi peut s'expliquer son habitude, parfois fastidieuse, de glisser dans son œuvre le nom de grands contemporains et d'interpeller des personnages illustres du passé : Staline répond à Timour et Gorki à Ibn Khaldoun. Malraux avait connu Trotski et il lui arrivait de parler de Napoléon écrivant ses mémoires à Sainte-Hélène. Évoquant le colloque de l'homme d'État et du grand artiste, Malraux se compare à Voltaire s'entretenant avec Frédéric, et s'interroge sur les relations des poètes officiels avec Auguste. Car l'« illustre et génial ami », l'interlocuteur privilégié de Charles de Gaulle, est à son aise dans cette relation : «*Pour qu'un entretien pût exister jadis, il eût été nécessaire que le rapporter ne fût pas tenu pour négligeable ; qu'il s'agît d'un entretien, non d'une audience ; que celui qui le rapportait fût capable de le recréer.* »[71].

Autrement dit, il fallait que l'écrivain fût également un homme d'action, mais aussi qu'il eût des idées propres et le talent littéraire voulu pour transcrire le dialogue aussi habilement qu'il y avait pris part.

Ces considérations n'épuisent pas, tant s'en faut, les problèmes inhérents à ce type de rapport, car ici surgit la question de la loyauté, non plus celle de l'homme politique, mais celle de l'intellectuel et à plus forte raison de l'écrivain engagé. Julien Benda définit les valeurs que l'intellectuel est tenu d'honorer dans un essai célèbre où il adoptait une position idéaliste extrême sur les devoirs des « clercs » envers l'ordre spirituel[57]. Après avoir considéré l'action politique de Malraux à travers son combat contre l'idéal communiste, qui s'inspire d'après Benda de valeurs éminemment pratiques (c'est-à-dire non-cléricales), il convient de confronter les prises de positions de Malraux écrivain sur la politique aux devoirs tacites qui découlent de la responsabilité du clerc.

En effet Malraux a été explicitement mis en cause par Benda : «*Beaucoup* [*de "pourfendeurs de la pensée 'non-engagée'"*] *saluent le type humain supérieur dans ces hommes dont parle Malraux "prêts à toutes les erreurs, pourvu qu'ils le payent de leur vie", ce qui implique qu'ils le saluent dans Hitler et sa bande.* » (p. 128[57]). Il est vrai que Malraux dramatise à outrance le dilemme de l'artiste qui s'engage politiquement : « *Le grand intellectuel est l'homme de la nuance, du degré, de la qualité, de la vérité en soi, de la complexité. Il est par définition, par essence, antimanichéen. Or, les moyens de l'action sont manichéens parce que* toute action est manichéenne. » (*R*, 761).

Problème insoluble, vécu comme un drame par l'intellectuel qui ne peut étouffer la voix intérieure de sa conscience l'appelant à un devoir plus haut, la question morale de l'action se pose à tout homme politique. Le dialogue suivant entre deux personnages de *L'Espoir* en témoigne :

> — Vous ne tarderez pas malheureusement à vous apercevoir que, concrètement, on ne fait pas la politique avec votre morale, reprit Pradas. C'est ainsi que...
> — Ni avec une autre, dit une voix.
> — La complication, dit Garcia, et peut-être le drame de la révolution, c'est qu'on ne la fait pas non plus sans. (*R*, 606)

C'est donc en parfaite connaissance de cause que Malraux aborde les rapports conflictuels entre l'écrivain et la politique. Dans le même esprit que Benda, Jean Grenier taxa Malraux d'incohérence : *« Ayant si bien compris la situation de l'intellectuel — et que l'intelligence ne menait pas à l'action politique — car elle est faite pour expliquer, non pour approuver ni protester, vous optez pour les "nécessités" politiques contre les droits de l'esprit. »[72].

Malraux a-t-il trahi les valeurs que sa fonction d'écrivain lui imposait le devoir d'honorer ?

Ce reproche de Grenier remonte à février 1938, période pendant laquelle Malraux manifestait une fidélité excessive à la cause communiste et gardait le silence au nom de l'alliance antifasciste. Sachant que l'homme politique prendra plus tard la défense des intérêts nationaux de la France, il y aurait lieu de se demander comment l'artiste assumait la mission de défendre et d'illustrer la culture française et les valeurs culturelles de l'Occident.

Outre le problème des devoirs de l'artiste dans ses rapports avec le pouvoir politique, il s'agit d'examiner ici la relation entre vie de l'esprit et vie sociale. Malraux était obsédé par la mort de la culture occidentale et ses méditations sur l'art ne furent peut-être qu'une façon d'exorciser l'angoisse qui transparaît dans une vaste question : « *Comment vivre la mort de sa civilisation ?* »[73]. D'où son souci de comprendre les prolégomènes d'une culture nouvelle, dont il cherche à identifier les signes et les caractéristiques. L'expérience soviétique répond à la question de savoir si la révolution socialiste annonce la métamorphose culturelle escomptée par Malraux, ou si elle n'entraîne au contraire que des conséquences accessoires, sans relation vitale avec l'évolution culturelle.

2. LA CULTURE 1934–1937, OU :
« *GARDEZ-VOUS À DROITE* ».

critique de la société et mise en accusation du destin

Au Congrès des écrivains soviétiques, tenu en août 1934 à Moscou, Malraux eut avec ses interlocuteurs des discussions qui reflètent bien son point de vue sur les rapports entre artistes et pouvoir politique et, plus généralement, entre culture et vie sociale. Dans les cas concrets fournis par les divers régimes européens, Malraux trouve la matière d'une réflexion sur le rôle social de l'artiste et la signification de l'œuvre[74]. Mais le Congrès n'est pas un colloque banal réunissant des experts : c'est un acte politique. Staline, chef d'État, a jugé opportun d'inviter à Moscou des écrivains occidentaux, et Malraux, écrivain antifasciste, apporte la caution de son prestige au front antifasciste. Au-delà du contenu des interventions, la situation historique donne un relief particulier à cette rencontre. L'urgence d'une politique unitaire devant la menace nazie incitait Staline à encourager les contacts avec toutes les forces antifascistes, y compris l'intelligentsia occidentale, certes antifasciste, mais peu perméable au marxisme. Quant aux intellectuels opposés au fascisme, ils ont bien perçu la valeur de l'engagement soviétique contre les régimes fascistes. Au moins dans l'esprit des responsables de la politique extérieure soviétique, ces facteurs historiques militaient en faveur d'une certaine collaboration entre doctrinaires marxistes et intelligentsia occidentale.

Si les conditions historiques ont changé du tout au tout depuis les années Trente, les facteurs qui jouaient à l'époque influent aujourd'hui encore sur les relations entre autorités politiques et milieux artistiques et intellectuels. Les questions débattues n'ont rien perdu de leur actualité. Les années passent sans guère apporter de réponses, mais elles permettent néanmoins de porter sur certaines affirmations un jugement éclairé par l'Histoire, et d'opposer à certaines thèses un scepticisme fondé.

Malgré de profondes divergences, Malraux et ses interlocuteurs du Congrès de Moscou sont d'accord sur bien des points. Écrivain engagé par excellence, Malraux accepte sans réserve la responsabilité sociale de l'artiste. Il le prouve d'ailleurs à l'occasion, comme il l'explique à Nikouline :

Si je pensais que la politique se trouve au-dessous de la littérature, je ne conduirais pas, avec André Gide, la campagne pour la défense du camarade Dimitrov en France, je ne me rendrais pas à Berlin, chargé par le Komintern de la défense du camarade Dimitrov ; enfin, je ne serais pas ici.
(cité in *AM1*, 146)

Mais s'il se reconnaît des devoirs en tant qu'homme d'action, il se veut entièrement libre comme artiste. Rovich rapporte cette déclaration quelque peu byronienne de Malraux à la veille du Congrès : « *Si la guerre éclate, et je pense que c'est le Japon qui la commencera, je travaillerai, le premier, à la formation d'une légion étrangère et dans ses rangs, le fusil à la main, je défendrai l'Union soviétique, le pays de la liberté.* » (*AM1*, 137). Ce n'étaient pas là des paroles creuses, et ses engagements ultérieurs l'ont bien montré, notamment en Espagne.

Dans le domaine de l'art, il refuse la position idéaliste, que récusent également les marxistes : « *Je ne crois pas à quelque mystérieuse beauté platonicienne qu'à travers les temps quelques artistes privilégiés parviennent à atteindre, mais à un rapport qui s'établit entre des sensibilités et le besoin qu'elles ont d'être exprimées et par là justifiées.* » (p. 169[75]).

En revanche, l'auteur de *La Psychologie de l'Art* ne croit pas à un déterminisme qui régirait les effets psychologiques de la révolution sociale et économique. Qu'il s'agisse d'art ou de religion, les diktats lui paraissent vains. À ses yeux les thèses marxistes suscitent l'attente d'une nouvelle culture, mais elles ne la prédéterminent pas. La confrontation de son point de vue et de ceux des penseurs marxistes est donc prometteuse, mais il n'en sortira pas grand-chose. Au Congrès de Moscou, Malraux se trouva en face d'écrivains soviétiques tels que Maxime Gorki, Ilya Ehrenbourg et le théoricien Nikolaï Boukharine, mais plus significatives furent ses rencontres avec des personnages officiels comme Andreï Jdanov, secrétaire du Comité central du Parti, A. I. Stetski, directeur de la section de culture et de propagande auprès du Comité central, Karl Radek et Nikouline. On peut regretter qu'à Moscou Malraux ne rencontrera pas le prophète de la révolution permanente à la place des tenants du réalisme socialiste ; en fait d'échange d'idées, il subira l'exposé de consignes politiques et de préjugés primaires, répercutés par des fonctionnaires butés dont la médiocrité contraste péniblement avec l'élévation des propos tenus par l'auteur de *La Condition humaine*.

Lorsque Malraux réclame une discussion sur les formes les plus efficaces de la littérature révolutionnaire, c'est l'écrivain engagé qui s'exprime, en formulant de manière quelque peu simpliste la question des rapports entre la politique et la littérature : «*Au cours du congrès, il faudra chercher à déterminer quelle est la forme la plus susceptible de permettre à la littérature révolutionnaire d'atteindre son but.* » (cité in *AMI*, 135).

Bien plus nuancée et pénétrante est sa déclaration à la veille du Congrès, citée par Benjamin Fondane, où il préconise une discussion sur le rapport de la politique et de l'art à la lumière de l'expérience soviétique :

La question posée explicitement par le Congrès des Écrivains soviétiques est une des plus puissantes qui soient puisque c'est celle d'une politique de l'esprit.

Comprenons bien que ce qui est en cause pour nous ici [...] c'est la fonction même de l'art. [...] l'écrivain, dans une civilisation, qu'il n'accepte pas — et même si son refus s'établit au seul nom de l'esprit — l'écrivain a, pour première activité l'accusation. Il vaut par sa mise en question et sa découverte : il exprime une valeur plus grande que l'homme d'action, puisque [cette] action-là est par sa nature suspecte.

Dans une civilisation qu'il accepte, au contraire (et surtout s'il s'agit d'une civilisation dogmatique) l'écrivain exprime presque toujours des valeurs inférieures à celles de l'action. Il y a un dialogue de Nietzsche et de Napoléon, il n'y a que des ordres de César ou d'Auguste aux écrivains romains.[76]

C'est la responsabilité sociale de l'artiste qui est en cause et, plus profondément, les conséquences de la révolution socialiste dans le champ des rapports entre l'artiste et le pouvoir, entre la culture et la vie sociale d'où elle surgit.

Au fond, Malraux pense que l'art exprime d'abord une remise en question du destin humain, alors que les marxistes y voient un support idéologique de la domination de classe. La fonction critique de l'art n'est pas essentielle ; justifiée dans la société de classes, elle est destinée à dépérir dans la société communiste. Pour le marxiste, il n'y a que deux catégories d'écrivains dans l'Occident capitaliste : les « *amuseurs de riches* » et les « *porte-parole des foules* »[77], chers à Maxime Gorki :

[...] ce sont des créateurs importants dans les domaines du réalisme critique et du romantisme révolutionnaire. Ce sont des dissidents, des « enfants prodigues » de leur classe, des nobles ruinés par la bourgeoisie, ou bien des fils de la petite bourgeoisie qui se sont arrachés à l'atmosphère étouffante de leur classe.[78]

Malraux est en accord avec les marxistes sur la fonction critique de l'artiste occidental dans la société, comme il le démontre en lançant au Congrès : « *Vous pouvez déjà travailler pour le prolétariat ; nous, écrivains révolutionnaires d'Occident, travaillons contre la bourgeoisie.* » (p. 68[79]). C'est sur la base de cet accord provisoire et limité, à propos d'une certaine bourgeoisie, que Malraux réussit à s'entendre avec les Soviétiques.

réalismes et romantismes

Lorsqu'il prend la parole au nom du Comité central du Parti, Jdanov prononce le discours politique le plus significatif du Congrès. Sa mission est de présenter aux écrivains soviétiques la doctrine culturelle officielle, c'est-à-dire le *réalisme socialiste* et les devoirs qui en découlent. Il s'en acquitte dans le style rhétorique classique des orateurs communistes :

> Le camarade Staline a appelé nos écrivains les « ingénieurs des âmes ». Qu'est-ce que cela signifie ? Quelles obligations vous impose ce titre ?
> Cela veut dire, tout d'abord, connaître la vie afin de pouvoir la représenter véridiquement dans les œuvres d'art, la représenter non point de façon scolastique, morte, non pas simplement comme la « réalité objective », mais représenter la réalité dans son développement révolutionnaire. Et là, la vérité et le caractère historique concret de la représentation artistique doivent s'unir à la tâche de transformation idéologique et d'éducation des travailleurs dans l'esprit du socialisme. Cette méthode de la littérature et de la critique littéraire, c'est ce que nous appelons la méthode du réalisme socialiste. (pp. 92-3[80])

À la différence du « réalisme critique » et du « romantisme révolutionnaire », déjà évoqués par Gorki, le « réalisme socialiste » a pour originalité d'exprimer l'adhésion de l'artiste à l'édification du socialisme, réalité fondamentale de la société soviétique. En revanche, le réalisme critique et le romantisme révolutionnaire sont les techniques de l'artiste acquis à la cause du prolétariat dans une société pré-révolutionnaire, mais qui, de ce fait, ne peut pas encore participer à l'édification du socialisme. Les deux voies ouvertes à l'artiste sont respectivement la description critique de la réalité sociale qu'il vit (méthode réaliste critique) et l'évocation imaginaire, donc non-réelle, de la révolution future et de ses promesses (méthode romantique révolutionnaire). Outre ces trois types d'art admis, on peut supposer l'existence de méthodes rejetées par le canon marxiste en tant qu'elles seraient «réalistes» sans être «socialistes» ni «critiques», ou «romantiques» sans être «révolutionnaires».

Compte tenu de cette conception que Jdanov reconnaît ouvertement comme fondée sur une «réalité» choisie en fonction d'un avenir hypothétique, il est difficile d'approuver Boukharine affirmant que «*le réalisme en général, et le réalisme socialiste en particulier en tant que méthode, est l'ennemi de toute transcendance, de toute mystique, de tout au-delà idéaliste*»[81]. Il est aisé de battre en brèche le fondement théorique du réalisme, d'où la possibilité de conclure, comme Gianlorenzo Pacini, à l'inexistence d'une véritable théorie du réalisme socialiste (p. 21[82]). Un interprète autorisé de cette science peu exacte, A. I. Stetski a déclaré au Congrès :

> Vous avez proclamé vous-mêmes dans votre résolution que vous vouliez créer des œuvres imprégnées de l'esprit du socialisme. Eh bien, voilà la tendance de la littérature soviétique. Quant à tout le reste, c'est un champ ouvert à une émulation créatrice entièrement libre.
> En ce qui concerne le réalisme socialiste on fait preuve de trop de finesse à son égard chez nous. Le réalisme socialiste n'est pas du tout, comme on le pense, une espèce d'assortiment d'outils qu'on délivrerait à chaque écrivain pour qu'il puisse créer avec son aide des œuvres d'art.[83]

Après un pareil aveu, on ne sait trop s'il faut saluer la magnanimité de l'orateur ou lui reprocher de laisser ses auditeurs dans le flou.

En conflit sur ce point avec la quasi-totalité de la critique contemporaine, qui conçoit le signifiant comme un renforcement du signifié, les jdanoviens n'attribuent aucune valeur à la forme. Cette opinion est confirmée par Pacini dans son essai sur le réalisme socialiste :

> «Il faut tout d'abord souligner que les idéologues officiels du réalisme socialiste ont toujours manifesté un désintérêt et une incompréhension quasi totale envers les problèmes de forme artistique. Si l'on admet la thèse très simpliste exposée par Jdanov à ce sujet dans son intervention au premier

Congrès des écrivains soviétiques, la forme a été considérée *grosso modo* comme un bel habillage pouvant recouvrir n'importe quel contenu. »

(p. 28[82])

Malraux, pour sa part, ne fait pas de différence entre le fond et la forme, qu'il considère dans les deux cas comme susceptibles de véhiculer la remise en question du destin. Il fait en revanche une distinction entre la « volonté de représentation » et la « volonté d'expression ». D'où le différend à propos du réalisme dans lequel on a souvent vu une convergence entre l'art et la réalité. Pour Malraux, le réalisme dans une œuvre d'art, c'est la volonté de représenter par des techniques données une réalité socialement définie ; aussi descriptive soit-elle, l'œuvre n'en exprime pas moins une volonté critique. Plus une œuvre est figurative, plus sa force critique s'exprime à travers le fond et moins elle passe à travers la forme. Aussi Malraux accepte-t-il sans réserve un art abstrait que les réalistes socialistes récusent nécessairement. L'exemple de la photographie vient à point nommé, car qu'y a-t-il de plus « réaliste » qu'une photographie ?

Les reproductions photographiques impersonnelles de l'époque où la photo apparut pour la première fois ne possédaient encore aucune des qualités de ce que l'on appelle la photographie artistique ; nous n'y trouvons aucune trace d'individualisme artistique. Cependant, elles se distinguent par leur style et nous les apprécions comme nous apprécions maintenant les fresques de Byzance.   (cité in *AM1*, 140-1)

Malraux a d'ailleurs évoqué le réalisme socialiste et la littérature romantique, courante à l'époque en Union soviétique :

Il y a toujours eu dans la littérature deux espèces de réalisme — un réalisme photographique, et un réalisme épique. [...] Je dirai que le réalisme est d'autant plus puissant qu'il y a plus de romantisme dans les traits réels de la vie qu'il reflète. Une société établie languit après le romantisme tandis qu'un monde nouveau, en formation, languit après le réalisme. C'est précisément pour cela, qu'un tel réalisme est inévitablement très vaste ; la construction du socialisme est le gage de sa puissance.   (cité in *AM1*, 147)

La réalité empirique n'est pas la matière première de l'art, car l'artiste interprète toujours le monde en lui donnant forme : « *Le monde, en lui-même, est sans forme et le premier devoir de l'artiste, du peintre, consiste à trouver la forme, à choisir les matériaux nécessaires. Et ce choix est conditionné par l'idéologie qui joue le rôle de lunettes à travers lesquelles l'artiste observe le monde.* » (cité in *AM1*, 140).

Le réel n'existe pas *a priori*, mais seulement dans la mesure où le monde est socialisé, tout comme l'homme n'existe que par la conscience de son humanité. C'est à l'intérieur de ce monde socialisé que l'homme se conçoit et c'est à l'intérieur de la tradition culturelle que l'artiste donne une forme significative à son œuvre. Cette conception n'est pas totalement inconciliable avec celle des marxistes, mais la manière dont Malraux va définir le social et les limites qu'il fixe à la transformation de l'homme par la révolution socialiste impliquent une divergence qui à terme se révélera insurmontable.

le patrimoine culturel ou : « la Culture année zéro »

Invité à nommer les motifs qui empêchent beaucoup d'écrivains occidentaux de soutenir la lutte des communistes, Malraux répond : « *Il me semble que c'est, tout d'abord, le désir de préserver les trésors culturels de la société bourgeoise.* » (cité in *AM1*, 138). Existait-il une « menace » communiste contre le patrimoine culturel ? Les artistes antifascistes et les marxistes pouvaient avoir des points de vue très différents sur l'attitude à observer à l'égard de l'héritage artistique. À la racine de cette opposition il y a l'idée marxiste que la culture artistique est l'appui idéologique d'une classe. Cette idée fut poussée à l'extrême par certains adeptes du Proletkult, qui considéraient que la culture bourgeoise avait nécessairement pour effet de reproduire la pensée bourgeoise et qu'elle devait donc être bannie de la société socialiste. Il fallait faire table rase. Vladimir Gorbounov décrit la démarche artistique du Proletkult :

Selon le Proletkult, la culture de chaque classe est rigoureusement isolée, renfermée sur elle-même, et ne peut être comprise des représentants des autres classes, utilisée par eux. Les idéologues du Proletkult virent donc leur mission dans l'élaboration d'une culture à part « purement prolétarienne », libre de toutes « additions de classe » étrangères. D'après leurs recettes, on ne pouvait créer une telle culture qu'après s'être artificiellement isolé de la vie dans des laboratoires spéciaux dits studios de création où les conditions de travail seraient « libres » des tendances non-prolétariennes et des influences de la culture du passé. (p. 6[84])

Quant à l'attitude du Proletkult à l'égard de l'héritage culturel bourgeois, Gorbounov écrit :

Et si, dans leurs résolutions, [les partisans du Proletkult] parlaient d'utiliser les trésors de l'art ancien, c'était pour invoquer incontinent la nécessité de son « interprétation nouvelle » (au sens qu'attribuaient à ce terme les adeptes du Proletkult, bien sûr) car une simple appréhension de l'art ancien éduquerait inévitablement, selon eux, la classe ouvrière dans l'esprit de la culture des classes dominantes, et par là même dans l'esprit de la soumission au système de vie créé par elles. (p. 13[84])

Lénine dénonça dès 1920 les erreurs du Proletkult, dont il stigmatisa l'arrogance :

La culture prolétarienne ne surgit pas on ne sait d'où, elle n'est pas l'invention d'hommes qui se disent spécialistes en la matière. Pure sottise que tout cela. La culture prolétarienne doit être le développement logique de la somme de connaissances que l'humanité a accumulées, sous le joug de la société capitaliste, de la société des propriétaires fonciers et des bureaucrates.[85]

Le Proletkult contrevenait également à la doctrine marxiste en ce sens qu'il prétendait créer une culture prolétarienne en tenant pour acquise l'existence d'une conscience de classe prolétarienne ; or la révolution a précisément pour mission d'établir la société sans classes et donc d'abolir toute conscience de classe.

Le Proletkult fut rapidement désavoué, et son maximalisme culturel abandonné. Lénine voulait qu'on assimilât la culture artistique et intellectuelle à la culture technique. Le marxiste n'entend pas se priver des techniques mises au point par l'industrie capitaliste ; il veut se les approprier afin de les dépasser. La culture devient une somme de connaissances de plus en plus poussées. Mais comment revaloriser la culture artistique d'une société de classes ? On résout le problème en posant l'existence d'une anticulture qui s'oppose à la culture dominante ; ainsi, pour Élézar Baller :

> [...] le caractère de classe de la culture spirituelle n'exclut pas, mais suppose au contraire la filiation, car à n'importe quelle époque historique, *dans n'importe quelle formation antagoniste, la culture est contradictoire.* [...] elle comprend non seulement la culture dominante, mais aussi les éléments plus ou moins développés de la culture créée par les classes opprimées et exploitées en opposition à celle qui domine. (pp. 46-7[86])

Est-ce à dire qu'il faille rejeter la « culture dominante » et privilégier uniquement la sous-culture des classes montantes ? Marx ne considérait-il pas la culture bourgeoise de l'époque féodale comme authentiquement révolutionnaire ? Le regard critique qu'on est en droit de jeter sur la culture du passé (selon une conception qui n'est pas sans rappeler celle de Malraux) n'exclut pas la modération ; écoutons plutôt Baller :

> À une nouvelle époque historique, l'humanité évalue toujours d'une manière critique les valeurs culturelles dont elle a hérité, les complète, les développe, les enrichit compte tenu des nouvelles possibilités et des nouveaux problèmes qui se posent devant la société, selon les besoins de forces sociales déterminées.
> Le patrimoine culturel ne forme pas un tout immuable. La civilisation de chaque époque historique, toujours, à tout instant, *inclut le patrimoine culturel et le crée.* (p. 33[86])

Cette conception ne marque aucun infléchissement du marxisme-léninisme ; au contraire, elle s'y enracine. Dans son livre sur l'attitude léniniste à l'égard de l'héritage culturel, Gorbounov écrit :

> La culture socialiste, qui se développe sur la base de rapports sociaux fondamentalement nouveaux, se distingue qualitativement de la culture du

passé. Cependant, elle ne sort pas du néant, mais résulte de l'utilisation créatrice des réalisations progressistes de l'ancienne culture. (p. 1^{84})

De Lénine, dans l'œuvre citée, à Gorbounov, on retrouve un même souci de sauvegarder la culture bourgeoise, tout en la critiquant. Dans ses formulations les plus généreuses, la conception marxiste-léniniste de l'héritage culturel valorise les œuvres artistiques de la culture bourgeoise et suscite l'attente d'une culture humaniste qui les surpassera ; c'est l'idée du progrès qui rend inconciliables l'attitude de Malraux et celle des marxistes.

Ce bon sens de Lénine et de ses épigones contraste violemment avec les jugements superficiels et outrageants d'un Karl Radek qui, au Congrès, reproche à la littérature occidentale d'être en dégénérescence intellectuelle, d'être un « *néant de contenu* » auquel correspond un « *néant de formes* » ; qui « *exécute* » Marcel Proust, dans l'œuvre duquel, déclare-t-il, « *le vieux monde, tel un chien galeux, incapable de toute action, se prélasse au soleil et lèche indéfiniment ses blessures* »[87]. Les congratulations que s'adressent au Congrès certains écrivains soviétiques sont tout aussi déplaisantes. Chez un Radek ou chez un Jdanov, de telles incongruités peuvent passer, mais comment les pardonner à un Gorki ? Il est vrai que ce dernier constate de nombreux défauts de la littérature soviétique, et indique un traitement politique de choc pour y remédier. Jdanov, pour sa part, n'est pas en reste lorsqu'il s'adresse en ces termes aux écrivains congressistes :

Camarades, de même que dans d'autres domaines de la culture matérielle et spirituelle, le prolétariat est l'unique héritier de tout ce qu'il y a de meilleur dans le trésor de la littérature mondiale. La bourgeoisie a dilapidé l'héritage littéraire, notre devoir est de le rassembler, de l'étudier et, l'ayant assimilé de manière critique, de nous porter en avant. (p. 94^{80})

L'expérience soviétique donna à réfléchir à Malraux qui deux ans plus tard, à Londres, exposera sa propre attitude à l'égard des œuvres du passé. C'est là un thème qui revient sans cesse dans les essais sur l'art et qui se développera en une imposante théorie du patrimoine culturel. Le très beau discours « Sur l'héritage culturel » contient des idées nouvelles, d'une grande profondeur, dont quelques-unes seulement seront abordées ici. Ainsi, c'est toujours la mise en accusation qui « informe » l'œuvre d'art authentique. L'artiste remet en question son destin, compris dans l'acception la plus large. Le choix des techniques, qui lui appartient, s'exerce en fonction de sa perception du destin, perception elle-même provisoire et susceptible de se modifier à la faveur de l'évolution culturelle. Cette évolution s'opère à un niveau qu'il est difficile de situer, mais qui n'est sûrement pas celui des ukases politiques de type jdanovien.

La mise en question du monde, élément essentiel de l'art, signifie que l'artiste conçoit son œuvre soit comme un refus de la tradition artistique, soit comme une expression sublimée de celle-ci : dans les deux cas, il vise à affirmer une *différence significative*. Par la suite, cette œuvre se fond dans la tradition, perçue par ses successeurs comme un tout significatif :

Le langage décisif de l'œuvre d'art, c'est sa différence significative ; toute œuvre naît comme différence et devient peu à peu totalité. Juger d'une œuvre par rapport à une tradition est donc toujours juger d'une différence par rapport à une suite de totalités ; et que cette suite de totalités existe ne laisse en rien préjuger de la façon dont les conquêtes qui font la vie de l'art contemporain qui nous entoure s'ordonneront par rapport à elles.[88]

L'héritage culturel n'est donc pas une suite d'améliorations apportées par des générations d'artistes pour réaliser une ambition artistique unique — la représentation toujours plus fidèle de la réalité — telle que la conçoit la pensée marxiste la plus généreuse ; c'est aux yeux de Malraux une suite d'affirmations qui expriment la conscience (individuelle, de classe, de la nation, de la civilisation...). Ainsi le patrimoine culturel ne saurait être ni dépassé, ni amélioré, mais seulement rendu plus vivant, plus interrogateur, plus significatif, par sa confrontation avec la culture actuelle : « *Les hommes sont bien moins à la mesure de leur héritage que l'héritage n'est à la mesure des hommes.* » (p. 97[89]). Bien sûr, cette culture resurgie du passé n'aura pas la même signification pour nous que pour les artistes qui l'ont élaborée, même s'il s'agit d'une œuvre peinte hier. Le contemplateur transmue, recrée l'œuvre, en se situant par rapport à elle :

La phtisie de Watteau le contraignait à abandonner Rubens pour le rêve de ses Fêtes galantes, mais la phtisie de Chopin le contraignait à sa musique déchirée. Joie ou malheur, c'est bien le destin de l'artiste qui le fait crier, mais c'est le destin du monde qui choisit le langage de ces cris.[88]

L'attitude de Malraux et celle des marxistes à l'égard de l'héritage culturel n'ont pas grand-chose en commun. Il est donc inutile de chercher une synthèse, ou même de tenter de les juger l'une par rapport à l'autre. Le marxiste privilégie la « base » économique et sociale : Malraux, en revanche, valorise la culture artistique, en mettant l'accent sur la conscience de l'artiste, qu'il place très haut dans l'échelle des valeurs.

l'anti-Histoire

Dans la perspective marxiste, l'histoire de l'art n'est qu'un corollaire de l'histoire des classes, qui s'organise autour de deux axes : maîtres-féodaux-bourgeois ; esclaves-serfs-prolétaires (pp. 46 sq.[86]). Qui dit histoire des classes dominantes dit aussi histoire des exploités. La découverte de civilisations éloignées dans l'espace ou dans le temps ne fait que susciter une lecture chronologique de ces civilisations, c'est-à-dire une série d'histoires parallèles, faites d'étapes universellement valables : la découverte du feu, de la roue, du fer... En tête se place l'histoire occidentale, la plus avancée sur le chemin du progrès technique et donc la plus proche du stade ultime, la civilisation communiste, destinée à élaborer la culture universelle.

Chez Malraux, aucun tableau universel ne peut être établi, car il n'existe pas de « progrès » culturel : les histoires culturelles des diverses civilisations sont autant de séries de réponses aux questions adressées au destin par des générations d'artistes. Ces réponses ne sont pas universellement valables puisqu'elles ne mettent en question que des formes provisoires et particulières du destin, dont la perception diffère selon les individus et selon les époques, d'où la difficulté d'apprécier une œuvre artistique dans l'esprit qui a présidé à sa création :

Lorsqu'un artiste du Moyen Âge sculptait un crucifix, lorsqu'un sculpteur égyptien sculptait les figures des doubles funéraires, ils créaient des objets que nous pouvons appeler des fétiches ou des figures sacrées, ils ne pensaient pas à des objets d'art. Ils n'eussent pas même conçu que cela pût exister. Un crucifix était là pour le Christ, un double était là pour un mort ; et l'idée qu'on pût un jour les réunir dans un même Musée pour considérer leurs volumes ou leurs lignes, ils n'eussent pu le concevoir autrement que comme une profanation.   (pp. 1264-5[1])

À travers ces expressions de consciences distinctes les unes des autres, il y a pourtant une constance dans l'affrontement du destin, ce destin commun des mortels, contre lequel l'homme s'use et l'artiste peint. Il y a donc une solidarité à travers l'Histoire, une communion établie non sur des valeurs tenues pour absolues ou universelles, mais face à un destin universel que partagent les hommes, au-delà de leurs différences. Il faudra attendre l'après-guerre pour trouver enfin une formulation lucide de cette idée, sans laquelle la conception malrucienne de l'histoire culturelle est incompréhensible. Une question se pose : comment Malraux voit-il dans le fait d'être mortel un fondement de l'histoire culturelle ? C'est que l'homme n'est pas simplement un être mortel, mais un être qui *sait* qu'il mourra :

Mais le destin n'est pas la mort, il est fait de tout ce qui impose à l'homme la conscience de son néant, et d'abord de sa solitude ; c'est pourquoi, contre lui, l'homme s'est si souvent réfugié dans l'amour ; c'est pourquoi les religions défendent l'homme contre lui — même lorsqu'elles ne le défendent pas contre la mort — en le reliant à Dieu ou à l'univers.   (p. 97[89])

Et plus loin :

Aussi longtemps qu'on a vu dans l'œuvre d'art un « produit », aussi longtemps qu'ont régné les déterminismes et les conditionnements, l'art a été soumis à l'histoire ; mais lorsque nous découvrons que la clef de la création, loin d'être dans le processus par lequel elle suit ce dont elle naît, est dans sa rupture, l'art, sans se séparer de l'histoire, se lie à elle en sens inverse. Le lieu dont le faussaire nous contraint à reconnaître la rigueur ne lie pas l'artiste à l'histoire, mais à l'histoire des formes. (p. 99[89])

Si l'histoire culturelle n'est pas universelle, elle est en revanche susceptible de le devenir, puisque la découverte des œuvres artistiques des civilisations disparues permet de les recréer au bénéfice d'une culture nouvelle, ne retenant de l'ancienne que son caractère d'antidestin et donc d'anti-Histoire. Tel est le sens de cette somme d'œuvres particulières. La véritable histoire, c'est celle de l'évolution des conceptions de l'homme. Le Destin et l'Œuvre — révolte contre les formes des réponses du passé — se rejoignent dans cette suite d'avatars de l'homme.

En dernière analyse, l'histoire de la culture artistique selon Malraux n'est pas indépendante de l'Histoire tout court, car toutes deux découlent comme on vient de le voir d'une même évolution profonde, liée en fin de compte au développement de la technique et du même coup à l'économie. Avant 1989, en U.R.S.S. comme en Occident, l'homme se concevait comme individu. Le séisme d'octobre 1917 n'avait encore rien changé d'essentiel à ce niveau. La révolution socialiste n'a pas réconcilié l'artiste et la société, ni même comblé l'écart qui subsiste entre le paysan et l'ouvrier. Après les vicissitudes de la révolution socialiste, le reflux de la mobilisation populaire laisse entier le problème des rapports entre critique et pouvoir.

le psychologique et le social

Aussi longtemps que les discussions du Congrès se cantonnent au rôle critique de l'artiste dans les pays occidentaux, Malraux et ses interlocuteurs peuvent éviter de se contredire ouvertement. Mais dès qu'il est question de la place de l'artiste soviétique dans la société, les points de vue divergent. Gorki réclame une « direction communiste » de la littérature. Quant à Malraux, il se passionne pour la nouvelle culture que promet le marxisme et il guette l'éclosion des premiers fruits culturels d'Octobre. Il avait interrogé Trotski sur l'opinion de Lénine à ce sujet :

— Attendait-il du communisme un nouveau type humain, ou prévoyait-il dans ce domaine une certaine continuité ? [...]

— Un homme nouveau, répondit-il, certainement. Pour lui, les perspectives du communisme étaient *infinies*.

[...]

— Voyez-vous, dit-il, l'important est : voir clair. Ce qu'on peut attendre du communisme, c'est d'abord plus de clarté. Il faut délivrer l'homme de tout ce qui l'empêche de voir. Le délivrer des faits économiques qui l'empêchent de se penser. Et des faits sexuels qui l'en empêchent aussi.[90]

Malraux est sûrement d'accord avec les marxistes pour penser qu'on peut agir sur le domaine psychologique en modifiant le cadre social ; il pose en outre le problème des limites d'une transformation de l'homme par la révolution socialiste et il s'interroge sur la place qu'y tient la création culturelle. Lorsque Jdanov cite Staline à propos des « ingénieurs des âmes », Malraux ne le contredit pas, mais dans sa réponse il approfondit la notion de culture comme moyen de former les hommes :

La culture, c'est toujours : apprendre. Mais, camarades, ceux auprès de qui nous apprenons, où ont-ils appris eux-mêmes ? Nous lisons Tolstoï, mais il n'avait pas, lui, de Tolstoï à lire. Ce qu'il nous apporte, il fallut qu'il le découvrît. Si « les écrivains sont les ingénieurs des âmes », n'oubliez pas que la plus haute fonction d'un ingénieur, c'est d'inventer. L'art n'est pas une soumission, c'est une conquête.   (p. 69[79])

Et il lance au Congrès : « *Le marxisme, c'est la conscience du social ; la culture, c'est la conscience du psychologique.* » (*ibid.*). Il faut se garder de voir dans cette formule un appel en faveur de la liberté absolue de l'artiste ou d'une littérature apolitique. À la Mutualité, l'orateur fait très lucidement le point sur les rapports entre le marxisme et la littérature soviétique :

Concevoir une littérature comme l'application d'une doctrine ne correspond jamais à une réalité. L'Évangile a fait la Chrétienté qui a fait à son tour la littérature chrétienne. Les doctrines grecques ont fait la cité hellénique qui a fait à son tour la littérature grecque. Le marxisme a fait la société soviétique qui s'exprime dans la littérature de l'U.R.S.S.. Entre une littérature et une doctrine, il y a toujours une civilisation, des hommes vivants.   (p. 166[75])

Malraux indique ici la contradiction souvent occultée entre un marxisme sociologique et le marxisme en tant que doctrine politique. Les jdanoviens, qui veulent que l'artiste exploite le modèle de l'homme nouveau prévu par les théoriciens marxistes, dénaturent le réalisme en ce qu'ils prédéterminent ce modèle sur la base de la théorie, et non pas en se référant aux êtres réels issus de la révolution. Il est parfaitement illusoire de vouloir appliquer des critères à l'expression de ce processus de formation psychologique, car l'après-révolution est un monde inconnu. Et c'est précisément la voie d'un réalisme sans *a priori* que Malraux propose à l'écrivain qui débute dans cet univers nouveau :

On a beaucoup parlé de l'homme soviétique et cherché à établir sa psychologie. Il me semble que les théories ici sont assez faibles et que d'autres voies seraient beaucoup plus fécondes. Depuis un certain temps, les *tchistkas* (épurations du parti) ont jugé des centaines de milliers de cas. Ces jugements nous montrent en action cet homme soviétique qui n'est encore en aucune façon codifié. Plutôt que de chercher la théorie de l'homme nouveau, il serait infiniment plus profitable de réunir cette documentation immense et souvent pathétique et d'en tirer les conséquences.

(p. 172[75])

Si l'on en juge d'après l'expérience soviétique, l'espoir d'une nouvelle conscience post-révolutionnaire apparaît en effet illusoire. La politique de Jdanov avait laissé des bombes à retardement qui explosèrent entre les mains des successeurs de Khrouchtchev. Le stalinisme, monstre engendré par un rationalisme devenu fou, ne parviendra pas à imposer une nouvelle conscience ; il ne réussira qu'à exacerber l'ancienne. La foi n'avait pas disparu dans l'ancienne U.R.S.S. : qui plus est, le nombre des orthodoxes et des musulmans pratiquants n'avait cessé de croître malgré la politique antireligieuse officielle naguère encore très virulente. Et la religion avait pris dans les pays de l'Est un caractère de plus en plus contestataire. La mise au ban des fidèles dans les pays socialistes n'avait pas empêché un cardinal polonais d'accéder au pontificat.

Si le Congrès parle plus de «civilisation socialiste» que de «civilisation communiste», c'est bel et bien cette dernière qui hante les esprits : peut-on espérer que le communisme pourra à longue échéance modifier en profondeur la fonction critique de l'artiste et de l'art et fonder une nouvelle civilisation ? Mais l'édification du socialisme s'enlise et le communisme n'est qu'une lointaine perspective. L'espoir d'une métamorphose radicale se perd dans les brumes d'un avenir aléatoire. L'abolition finale de l'aliénation, de la philosophie, de la critique est censée à long terme coïncider avec la réalisation du communisme, réconciliation suprême de la pensée et de la réalité, mais elle relève encore de l'utopie ou de la métaphysique.

De retour à Paris, Malraux parle de l'attitude de l'ouvrier russe à l'égard de la société soviétique en termes très proches de l'expérience immédiate, et fait un parallèle avec le comportement des masses occidentales au moment de la mobilisation (p. 170[75]). Or on peut imaginer que la discipline et la solidarité nationales se maintiennent assez longtemps, sans croire pour autant à une «révolution culturelle». De même, dans le domaine de la culture, l'artiste accepte toujours certaines contraintes psychologiques sans perdre son âme. À Paris, Malraux tranchera de façon magistrale la question de la «liberté de l'artiste» qu'il mettra en équation avec la psychologie individuelle de l'artiste :

> [...] c'est seulement dans l'élément positif d'une civilisation que l'œuvre d'art trouve sa force [...].
> La liberté qui compte pour l'artiste n'est pas la liberté de faire n'importe quoi : c'est la liberté de faire ce qu'il veut faire, et l'artiste soviétique sait bien qu'en tant qu'artiste ce n'est pas dans son désaccord avec la civilisation qui l'entoure mais au contraire dans son accord avec elle qu'il trouvera la force de son génie. (p. 167[75])

Malraux montre brillamment que la «direction politique» de

l'art est une chimère née d'une totale méconnaissance du fonctionnement de la psychologie artistique. L'œuvre d'art obéit à des lois que ne se décrètent pas, et qu'il n'est pas possible d'influencer du dehors.

Reste le problème de la transformation de la psychologie artistique après que le prolétariat aura accompli sa mission. Le marxisme ne concevant la conscience que socialisée (conscience de classe), l'abolition des classes annonce une littérature radicalement différente. Quels seront les sujets traités, une fois réglée la question sociale ? Malraux se posait déjà la question en 1930 :

> *Si le sens de la solitude humaine et de la tragédie existe si peu pour les communistes russes, c'est que la Russie est essentiellement depuis 1918 un pays mobilisé qui se défend. Bien entendu, il faut d'abord vaincre, mais il reste à savoir si, la victoire obtenue, l'homme ne se retrouvera pas en face de sa mort, et, ce qui est peut-être plus grave, en face de la mort de ceux qu'il aime.*[91]

Il la posera également à Trotski, lors de leur rencontre en juillet 1933 : « *Mais croyez-vous que lorsque l'humanité échappe à la mobilisation — religieuse, nationale ou sociale — qui lui permet d'agir au lieu de se penser, la présence de la mort retrouve nécessairement sa force ?* »[90]. Ce retour aux thèmes éternels n'est pas pour Malraux une renonciation à la fonction critique de l'art, à laquelle il est au contraire plus que jamais attaché, et qui consiste en une mise en accusation du destin, en une remise en question du réel humainement vécu. Le passage à une littérature centrée sur la création de styles nouveaux, par exemple, n'est pas un abandon de ce principe, mais un changement d'axe : le « beau » est une mise en question de la laideur perçue dans la réalité. De la même façon, la représentation de l'exploitation d'une classe par une autre, dans une œuvre engagée, est une accusation portée contre l'organisation sociale. Le romantisme et la littérature engagée ne se distinguent donc que par une différence de démarche critique. Un conte de fées ne fuit pas plus le réel qu'une tragédie ne s'y soumet.

Le cas de Malraux lui-même est peut-être exemplaire : plus

son engagement politique s'affirme et plus l'auteur de *L'Espoir* et de *La Condition humaine* semble devenir proche du classicisme pascalien. En comparaison, l'attitude réaliste socialiste est d'une étroitesse désespérante. Dans un article publié en 1928, Gorki présenta de la littérature une analyse qui la réduit à deux grands courants, l'un « réaliste » et l'autre « romantique », critère dont il reconnut d'ailleurs qu'il était difficilement applicable à bon nombre des meilleurs écrivains. Voici comment il précise ensuite la notion de « romantisme » dans un texte repris dans le livre cité de Pacini :

« Il est en outre indispensable de distinguer dans le romantisme deux types tout à fait différents : un romantisme passif, qui s'efforce soit de réconcilier l'homme avec la réalité en l'orientant vers un inutile approfondissement de son propre monde intérieur, vers les pensées sur les « fatals mystères de la vie », l'amour, la mort, vers des mystères que ni la spéculation ni la contemplation ne peut résoudre, et qui peuvent se résoudre seulement par le moyen de la science. Le romantisme actif, au contraire, s'efforce de renforcer le désir de vivre chez l'homme, de réveiller en lui la rébellion contre la réalité, contre toute oppression. » (p. 59[82])

L'échec de la discussion sur les questions que se posait Malraux à propos du rôle de l'artiste dans l'après-socialisme indiquait déjà la réponse : en 1934 on en était toujours à l'« esprit de mobilisation », assorti d'une répression jugée nécessaire par l'Union des écrivains soviétiques et par le Parti. D'autre part, l'avènement d'une nouvelle société dans laquelle l'artiste serait naturellement solidaire du corps social n'est le plus souvent qu'une figure rhétorique, sauf pour quelques-uns, tel J.-R. Bloch qui a parlé de l'humanisme universel dans le contexte de la société socialiste. Malraux, pour sa part, y a fait allusion, mais il ne croyait apparemment pas que cette nouvelle culture eût plus de chances de s'épanouir en U.R.S.S. qu'en Occident. Il ne fait d'ailleurs aucune distinction à cet égard entre pays socialistes et pays capitalistes :

C'est que l'artiste et la société moderne sont, par leur nature même, opposés. Dans un pays comme la France, indépendamment de toute division en classes ou en collectivités d'un tel ordre, une autre séparation s'est faite entre ceux qui s'accordent à leur civilisation et ceux qui ne s'y accordent pas.

(p. 169[75])

La culture humaniste universelle est un idéal qui ne se situe pas dans le contexte d'une révolution socio-économique.

L'exposé qui précède peut donner à penser qu'on y oppose à la « direction politique » jdanovienne une conception libérale de la liberté d'expression artistique. Or il ne faut pas confondre le libéralisme historique avec l'attitude qui consiste à prendre acte de la vanité du dirigisme culturel. Les époques de grand libéralisme politique et culturel sont nées de conditions historiques précises, probablement exceptionnelles, par exemple le partage du pouvoir entre des groupes nombreux, de force plus ou moins comparable et inspirés par une même idéologie. Ces groupes concouraient à la même entreprise. Tant au bas de l'échelle sociale que dans les classes qui se partageaient le pouvoir et qui étaient en mesure de participer à la culture nationale, les règles du jeu étaient bien comprises et communément acceptées. La liberté spécifique qu'elles garantissaient a fini par devenir un absolu, si bien que la finalité du système capitaliste s'est détachée de sa spécificité culturelle.

L'individu formé par ces règles était étroitement solidaire de son milieu, c'est-à-dire de l'ensemble des classes admises à exercer le pouvoir dans la nation. Dans le maquis des lois et dans le capitalisme naissant, il percevait mal son rôle et devenait de plus en plus individualiste en même temps que son identité s'estompait : lorsque l'individualisme devint une doctrine, son apogée était déjà passé. Ce déclin de l'individualisme, comme jadis celui de la République de Venise, produisit un admirable foisonnement d'œuvres de l'esprit. « *Vers 1390* », écrit Jacob Burckhardt, « *il n'y avait plus à Florence une mode dominante pour l'habillement des hommes, parce que chacun cherchait à se singulariser par le costume* »[92].

3. LA CULTURE 1945–1955, OU :
« *GARDEZ-VOUS À GAUCHE* ».

la liberté de la culture

Interviewé par Albert Ollivier en 1946, Malraux déclara :
« *Vous m'avez demandé, il y a plus d'un an, quel serait le titre
le plus souhaitable pour un nouvel hebdomadaire, et je vous ai
répondu :* La Liberté de l'Esprit. *Je ne trouve pas que ça ait
changé.* » (p. 9[21]). Ce sera un mensuel, et non un hebdomadaire, et
il ne paraîtra que pendant trois ans ; mais le titre était bien adapté
aux idées professées par Malraux pendant la décennie qui suivit
la fin des hostilités, période que jalonnent les premiers gouver-
nements du général de Gaulle, le tripartisme, la Troisième Force,
le début de la guerre froide, la guerre de Corée et ce que le
général Navarre devait appeler « l'agonie de l'Indochine ».

En effet, la conception de la culture chez le Malraux d'après
la Libération n'a pas fondamentalement évolué par rapport à
l'avant-guerre. La cible visée n'est désormais plus la même : la
dominante n'est plus la *défense* de la culture contre le fascisme,
mais sa *liberté*, que Malraux pourra utiliser contre les communistes.

La décennie 1945–1955 est ponctuée par trois grands discours de Malraux sur la culture, prononcés respectivement le
4 novembre 1946 à la Sorbonne dans le cadre des conférences
marquant l'inauguration de l'U.N.E.S.C.O.[93], le 5 mars 1948 à la
salle Pleyel[94], et le 30 mai 1952 à la salle Gaveau, au Congrès
pour la liberté de la culture.

Il est évident que ces discours s'inscrivent dans des conjonc-
tures politiques particulières : la formation du R.P.F., la fin du
tripartisme, la lutte menée par de Gaulle contre les institutions
de la Quatrième République... L'unité européenne est sans cesse
évoquée. Le mot *culture* tantôt signifie l'ensemble des œuvres
d'art d'une civilisation, tantôt prend un sens spenglérien. Il est
vain de chercher une acception commune à tous les contextes

où le terme apparaît. Les définitions qu'en donne Malraux n'apportent guère de clarté :

Qu'appelez-vous une culture ?
— Il n'est pas facile d'improviser ce genre de définitions. Disons : l'incarnation d'un système de valeurs — et plus modestement : un accord des sensibilités. (p. 6[21])

En 1945 Malraux opposait la culture naissante de l'Atlantique, dont les cultures nationales européennes font partie, à la culture du monde slave, dominée par la Russie (p. 6[21]). Et selon Jean Lacouture, il s'est même targué d'avoir été le seul ministre du général de Gaulle qui n'eût à proposer aucune définition de la culture (p. 364[13]). Il est inutile de chercher une cohérence derrière ces déclarations, si ce n'est l'adaptation de la « géoculture » aux variations de la géopolitique. Au lendemain de la guerre, peu d'atouts restent à l'Europe, qui voit le pouvoir, tant économique que militaire, lui glisser entre les doigts, tout en gardant un certain rayonnement. Faire de ce passé d'œuvres et de traditions artistiques un atout politique sera la tâche de Malraux, qui s'en acquittera avec éclat. Il ne s'appuiera pas à cet effet sur la tradition culturelle, car ce serait verser dans les valeurs conservatrices par excellence, et limiter le champ de vision. C'est l'héritage de la terre entière qui est visé.

Entravée par sa conception de la culture, l'Union soviétique n'a pas les mêmes ressources à cet égard : « *La propagande soviétique veut tout : la Russie a inventé le principe d'Archimède et le postulatum d'Euclide. Bon. Mais elle revendique moins Eschyle, Giotto ou les cathédrales.* » (p. 15[21]).

Quant aux États-Unis, ils appartiennent à la « culture de l'Atlantique » ; et en y adhérant, ils s'y subordonnent, car l'absence d'une tradition historique multiséculaire tend à donner la prééminence au prestige culturel de l'Europe.

À divers égards cette conception de la culture paraît être en phase avec la conjoncture politique. Il est donc permis de penser qu'elle a été élaborée « pour les besoins de la cause », c'est-à-dire pour mettre en évidence l'hégémonie de la France ou de l'Europe dans un domaine particulier. C'est ainsi que Malraux porte la discussion sur le terrain des adversaires en s'en prenant aux idéologies soviétique et américaine : « *À l'heure actuelle, que sont les valeurs de l'Occident ? Nous en avons assez vu pour savoir que ce n'est certainement ni le rationalisme ni le progrès. L'optimisme, la foi dans le progrès, sont des valeurs américaines et russes plus qu'européennes.* » (p. 87[93]).

Pour sa part, Malraux attribue à la seule Europe occidentale le monopole des valeurs qui sont à l'origine de cette éclosion culturelle. À preuve, ces extraits de l'œuvre de Malraux :

La première culture artistique universelle, qui va sans doute transformer l'art moderne par quoi elle fut jusqu'ici orientée, n'est pas un envahissement, mais une des conquêtes suprêmes de l'Occident.   (p. 100[89])

et dans un autre texte :

Il y a un humanisme possible, mais il faut bien nous dire, et clairement, que c'est un humanisme tragique. Nous sommes en face d'un monde inconnu ; nous l'affrontons avec conscience. Et ceci, nous sommes seuls à le vouloir. Ne nous y méprenons pas : les volontés de conscience et de découverte, comme valeurs fondamentales, appartiennent à l'Europe et à l'Europe seule.   (p. 87[93])

L'universalisme est ainsi confisqué au seul bénéfice du prestige culturel de l'Europe occidentale.

On ne s'étonnera pas qu'un communiste ait relevé le gant. De fait, dans un discours à l'U.N.E.S.C.O., Louis Aragon s'en prit aux « grues métaphysiques » qu'étaient à ses yeux l'Homme et l'Europe. Le problème que se pose Malraux — « recréer l'homme » — ressortit selon Aragon à la métaphysique :

L'homme du jargon n'est ni paysan, ni banquier, ni soldat : il n'est pas solidaire de telle ou telle société : il n'a pas de classe, donc pas de parti politique : c'est une statue de marbre qui brave les intempéries de sa nudité, qui est faite pour l'éternel et qui s'oppose à la vulgaire matière périssable des masses.   (p. 97[95])

Si Aragon a raison d'interpréter la conception malrucienne

comme une opposition entre les hommes et les œuvres, il s'agit là dans l'esprit de Malraux de s'opposer non pas aux hommes, mais au destin, pour défendre les hommes : « [...] *si le peuple de statues des cathédrales est une chrétienté sans péché, il exprime moins le Christ, pour tous les non-chrétiens, qu'il n'exprime la défense des chrétiens par le Christ contre le destin.* » (p. 98[89]).

Aragon a sans doute raison de voir derrière les constructions philosophiques de Malraux une volonté de transformer l'U.N.E.S.C.O. en arme idéologique contre l'U.R.S.S.. En revanche, lorsque le grand poète communiste s'en prend à la deuxième « grue métaphysique », l'Europe, il ne vise probablement pas Malraux, dont les positions sont proches des siennes. Ils condamnent tous deux presque dans les mêmes termes l'Europe fictive des cartes politiques (p. 99[95]), mais sans doute pas pour les mêmes raisons. Et si l'Europe culturelle est parfois admise par Malraux, Aragon ne l'accepte que dans le contexte d'un internationalisme d'inspiration communiste.

Dans un sens, pourtant, les remarques d'Aragon manquent d'à-propos. Certes, Malraux utilise les arguments de Spengler comme un tremplin au service de la notion de l'humanisme universel, mais il ne prend pas à son compte, tant s'en faut, toutes les idées de ce dernier :

> Depuis vingt-cinq ans, le pluralisme était né ; et à l'idée ancienne de civilisation — qui était celle de progrès dans les sentiments, dans les mœurs, dans les coutumes et dans les arts — s'était substituée l'idée nouvelle des cultures, c'est-à-dire l'idée que chaque civilisation particulière avait créé son système de valeurs que ces systèmes de valeurs n'étaient pas les mêmes, qu'ils ne se continuaient pas nécessairement [...].
> Cette idée de cultures, considérées comme mondes clos, a été acceptée dans la majorité de l'Europe entre les deux guerres. On sait qu'elle est née en Allemagne. Aussi vulnérable qu'elle fût, elle avait confusément remplacé l'ancienne idée linéaire et impérieuse que les hommes s'étaient faite de la civilisation.   (p. 76[93])

Aragon lui aussi traite de ces problèmes, mais en caricaturant grossièrement la pensée de Malraux :

Et je voudrais d'abord signaler une anomalie ; on entend affirmer comme une découverte de haute importance que le pluralisme est né et qu'à la vieille idée de civilisation qui a fait son temps s'oppose la conception pluraliste des cultures. [...] l'armateur qui l'avait mis en chantier s'appelait Oswald Spengler et fut un des précurseurs de la géopolitique nazie. Le drôle est qu'il avait imaginé ce système pour étayer sa théorie du déclin de l'Occident tandis que de nos jours André Malraux le redécouvre pour lancer la baudruche de l'homme occidental. (p. 96[95])

Au contraire, c'est par opposition à l'idée spenglérienne des cultures comme vases clos que Malraux a érigé le concept de la métamorphose :

Prenons garde à ne pas concevoir les cultures disparues uniquement comme des formes, c'est-à-dire des hypothèses. Il est possible que nous ne sachions rien de ce qu'était la réalité psychique d'un Égyptien ; mais ce que nous savons, c'est qu'un certain nombre de valeurs transmissibles ont passé à travers ces cultures qu'on nous avait données comme closes, et que ce sont ces valeurs qui sont arrivées dans notre pensée ; que c'est d'elles que nous essayons de faire un tout. (p. 77[93])

Au niveau où Malraux situe la culture, les arguments d'Aragon ne sont pas concluants. Pour trouver un point qui donne prise à la critique, il est nécessaire de sortir du cadre métaphysique imposé par Malraux et d'examiner la signification politique de la culture universelle qu'il proclame.

l'humanisme universel

Il ressort clairement de déclarations faites par Malraux en 1946 que le problème de la culture débouche sur celui de l'humanisme :

Il est possible qu'en revendiquant l'héritage du monde, nous ne revendiquions pas autre chose que celui d'une suite de métamorphoses ; mais il est certain que nous sommes les premiers à revendiquer l'héritage du monde. Quant à savoir s'il n'y a qu'une civilisation, je me pose la question depuis un certain nombre d'années. Comme elle ne se résout évidemment pas par la simple croyance au progrès, il s'agirait de savoir ce qu'est cette civilisation qui transcende les cultures, c'est-à-dire de fonder la notion de l'homme. (p. 13[21])

Il a déjà été fait état du lien entre la revendication de l'héritage culturel de la terre tout entière et l'Europe, qui en est tout compte fait la seule bénéficiaire. Malraux prend soin, en présentant ses prémisses et ses conclusions, de les exposer de façon à ce qu'elles frappent par leur évidence. Il juxtapose, dans son « Adresse aux intellectuels », le déclin d'un pouvoir politique et la montée d'une culture, la mort d'un mythe et l'apothéose d'un mystère :

> L'esprit européen se sait menacé. Il ne l'est pas seulement en politique. Il est l'objet d'une double métamorphose. Le drame du XXe siècle à nos yeux, le voici : en même temps qu'agonise le mythe politique de l'internationale, se produit une internationalisation sans précédent de la culture.
> (p. 974[94])

Ailleurs : « *En même temps que mourait cet immense espoir, en même temps que chaque homme était rejeté à sa patrie, une profusion d'œuvres entraient dans la culture universelle* [...]. » (p. 975[94]). Et enfin : « *Le drame actuel de l'Europe, c'est la mort de l'homme.* » (p. 984[94]).

La conjugaison de ces phénomènes antithétiques déconcerte, car elle est à l'origine d'un paradoxe. En effet, si l'art est un *antidestin*, la culture est une *anti-Histoire*, et la naissance d'une culture universelle doit forcément s'accompagner d'un regain de nationalisme. Malraux situe l'apparition de la culture mondiale dans la période de la décolonisation, mais il suffit de regarder de près cette « renaissance des nations » pour faire disparaître le paradoxe. Loin de s'y opposer, la culture universelle s'accorde à l'établissement d'une civilisation à l'échelle mondiale : « *Rome accueillait dans son Panthéon les dieux des vaincus.* » (p. 100[89]).

4. LA CULTURE ET L'ÉTAT 1958–1968.

espérances et réalisations

Malraux déclarait en 1952, à Frank Elgar,

[...] que l'État en art, ne dirige rien !
Ou bien l'on dirige l'art *en tant qu'autre chose*, qui n'a de l'art que le nom qu'on lui prête, en Russie notamment. Il est alors utilisé comme instrument de propagande, comme moyen de convaincre, etc. [...].
Ou bien l'on prétend diriger l'art *en tant qu'art*. Ce qui n'a aucun sens, une telle direction exigeant des lois et l'art de notre époque n'en reconnaissant pas [...].
Résumons : l'État n'est pas fait pour diriger l'art, mais le *servir*. Et il le sert dans la mesure où ceux à qui il en confie la charge le comprennent.[96]

Après l'arrivée au pouvoir du général de Gaulle et la nomination de Malraux à la fonction de ministre d'État chargé des affaires culturelles, il est naturel que l'on s'attende à l'application en France de ce libéralisme, et à d'importantes réalisations dans ce domaine. En ce qui concerne des projets culturels comme les Maisons de la Culture, le ravalement et l'entretien des monuments historiques, l'aide au théâtre, etc., on se reportera à l'analyse de Gérard Belloin[97] et au bilan dressé par Jean Lacouture (pp. 371 sq.[13]).

Malraux n'a cessé de proclamer que l'avènement de l'audio-visuel sera aussi lourd de conséquences que le fut jadis l'imprimerie ; il va révolutionner l'enseignement au XXᵉ siècle, et il faut désormais se lancer hardiment sur cette voie. Par le foisonnement d'images qu'il véhicule, par la rapidité de ses moyens de diffusion et par la force même de ces images, il ne peut manquer de susciter une nouvelle culture à l'échelle mondiale, et un nouveau type d'homme. Or le ministère des Affaires culturelles, lorsqu'il était dirigé par Malraux, n'avait compétence ni pour l'éducation nationale, ni pour la radio et la télévision françaises[98]. L'exiguïté notoire de ses ressources budgétaires a considérablement borné ses ambitions, accentuant ainsi le côté presque exclusivement verbal et prophétique de l'action culturelle de Malraux. Était-ce là un résultat involontaire, ou la conséquence d'un dessein orchestré ?

Quant aux Maisons de la Culture, elles représentaient selon Malraux une véritable démocratisation de la diffusion culturelle, comme l'atteste un entretien d'octobre 1968 accordé au journal allemand *Der Spiegel* : « *Contrairement à ce que l'on a dit, les Maisons de la Culture ne sont pas prolétariennes. Elles sont le métro. C'est-à-dire qu'il y a les prolétaires, il y a les employés, il y a absolument de tout. Ce qu'elles ne sont pas, c'est d'être le lieu des* "riches". » (p. 95[3]).

Belloin a bien montré qu'il s'agit là en fait d'une vue assez tendancieuse (pp. 17-9[97]). Il en va probablement des Maisons de la Culture comme des musées. Or, selon Pierre Bourdieu et Alain Darbel : « *La part des différentes catégories socio-professionnelles dans le public des musées français est presque exactement en raison inverse de leur part dans la population globale.* » (p. 35[99]).

Étudiant le public des Maisons de la Culture, ces auteurs constatent qu'il est à peu près le même que celui des musées français et que l'avant-gardisme des Maisons de la Culture décourage le public populaire qu'il s'agissait de séduire (pp. 149-52[99]). Toutefois le succès ou l'échec d'une politique se mesure non pas en valeur absolue, mais qualitativement, et la politique de Malraux, qui s'inspirait à cet égard de celle du Front populaire, était certainement de faire connaître le maximum d'œuvres au plus large public possible. Il n'y a pas lieu de mettre en doute la sincérité ni la volonté de démocratisation propres à la politique officielle française en matière culturelle, que Malraux a animée pendant dix ans.

Les critiques de la gauche à l'égard de cette politique tiennent souvent à la contradiction constatée entre les buts affichés — démocratisation de la culture (favorablement accueillie) — et l'absence de transformation radicale de la société qu'impliquerait la mise en place d'une culture réellement démocratique. Cette

94

contradiction ne constitue pas en elle-même une condamnation probante. Malraux n'était pas responsable de la politique globale du gouvernement. Il est déloyal de reprocher à l'action culturelle de Malraux de s'inscrire dans un cadre capitaliste et d'en dénoncer simultanément la fonction idéologique, alors qu'on s'en tient soi-même à une définition de la culture fondée précisément sur cette fonction idéologique. Ce n'est probablement pas un hasard si le livre de Belloin précédemment cité ne fait nulle part état de cette difficulté, et ne donne d'ailleurs aucune définition cohérente de la culture.

décolonisation et néocolonialisme

Malraux ne laisse jamais échapper une occasion d'exalter la grandeur comme attribut d'une nation à vocation universaliste, thème qui reviendra sans cesse à partir de 1948 : « *Quand la France a-t-elle été grande ? Quand elle n'était pas retranchée sur la France. Elle est universaliste.* » (p. 997[94]) et encore :

La France n'est réellement grande que lorsqu'elle est la France pour tous les hommes. Sur tous les chemins de la Chrétienté, sur tous les chemins de l'Orient des croisades, il y a des tombeaux de chevaliers français. Sur toutes les routes de la Liberté, il y a des cadavres de soldats français. C'est ce que la France signifie ou ce qu'elle veut signifier quand elle est la France.[100]

Cette insistance sur le thème de la grandeur est particulièrement frappante dans les discours officiels prononcés par Malraux au cours de ses nombreux déplacements à l'étranger comme envoyé spécial du président de Gaulle en Amérique latine, au Québec, aux États-Unis, en U.R.S.S., en Grèce et dans de nombreux pays africains et asiatiques, dont l'Inde, la Chine, l'Égypte et l'Iran. Les analyses de divers critiques à propos de ces voyages sont riches d'enseignements. Belloin, dans l'étude déjà citée, laisse de côté cet aspect des fonctions de Malraux. Quant à Lacouture, il s'attache surtout à relever des contradictions entre, d'une part, l'action du ministre et, d'autre part, les idéaux et les actes héroïques du Malraux maître à penser de toute une génération. Janine Mossuz souligne la place que tiennent dans ces missions l'information et la propagande : « *André Malraux se déplace le plus souvent, non pour résoudre dans l'immédiat un problème urgent, mais pour informer l'opinion étrangère, et tenter de rétablir une confiance quelque peu entamée par certains aspects de la politique française.* » (p. 174[44]).

Janine Mossuz ne lie pas ces missions à la politique culturelle et n'aborde jamais la question de la politique post-coloniale de la France dans ce contexte ; pas un mot non plus de la complémentarité des politiques culturelle et économique de la France. À propos d'autres missions elle écrit cependant : « *Il s'agit alors de voyages de prestige dont le personnage principal est la culture.* » (p. 175[44]).

Il est toutefois essentiel d'intégrer l'aspect culturel et l'aspect politique de l'action de Malraux dans l'ensemble de la politique gaulliste en démontrant la cohérence de cette « *mission de la France dans le monde* », que Malraux comparera avec le « *fardeau de l'homme blanc* » et avec la politique internationaliste de l'ancienne U.R.S.S. (p. 29[33]).

Malraux ne s'est jamais intéressé au contenu économique de la politique. Il s'attachait plutôt au côté formel et voyait dans l'indépendance politique des peuples, naguère assujettis, un changement décisif de la nature des relations de la métropole avec ses anciennes colonies.

Dans ce contexte, il est permis de se demander s'il existe une complémentarité entre la « culture universelle » de Malraux et les variantes locales élaborées à l'intention des élites des anciennes colonies. L'« authenticité » du Zaïre de Mobutu en était un bon exemple, mais la philosophie de Léopold Sédar Senghor est encore plus intéressante. La « Négritude » et la « Civilisation de l'universel », qui ont une vocation métaphysique, à l'instar de la culture mondiale de Malraux, sont parfois aussi hermétiques l'une que l'autre. Dans son discours prononcé le 30 mars 1966 au Festival des arts nègres à Dakar, Senghor évoque la vocation philosophique de l'art de l'Afrique noire :

À m'écouter, on pourrait croire que l'Art nègre n'est qu'une technique : *un ensemble de moyens au service d'une civilisation du confort, en tout cas de la production matérielle. Qu'on m'entende bien : j'ai parlé du* développement, *non de la seule* croissance *économique, c'est-à-dire la totalité corrélative et complémentaire de la matière et de l'esprit, de l'économique et du social, du corps et de l'âme ; j'ai parlé de la production, en même temps, des biens matériels et des biens spirituels.* (p. 15[101])

Senghor accepte également que sa philosophie soit au service des options politiques et économiques : *«* [...] c'est encore l'art nègre qui, nous sauvant du désespoir, nous soutient dans notre effort de Développement économique et social, dans notre *entêtement à vivre.* » (ibid.). Les deux interprètes des ces systèmes en reconnaissent la complémentarité à beaucoup d'égards : communion partagée dans des valeurs de civilisation[102] ; similitude des concepts d'humanisme universel auxquels chacun entend apporter sa contribution[103] ; assistance réciproque aux opérations culturelles de prestige. La présence de Malraux, aux côtés de Senghor, lors de l'inauguration du Festival des arts nègres, à Dakar en mars 1966, illustre avec éclat cette complémentarité. La leçon de la philosophie de Senghor se transforme sur-le-champ en enseignement économique et politique, ce que montre très bien la citation que voici :

[...] *l'*Humanisme *du XXe siècle, qui ne peut être que civilisation de l'universel, s'appauvrirait s'il y manquait une seule valeur d'un seul peuple, d'une seule race, d'un seul continent. Encore une fois, le problème se pose en termes de complémentarité : de dialogue et d'échange, non d'opposition ni de haine raciale.* (p. 17[101])

Le caractère foncièrement idéologique de l'humanisme de Senghor apparaît nettement dès 1950 dans un essai de définition de l'Union française, avatar néocolonialiste du ci-devant Empire français :

Image de l'Union française, qui sera plus qu'un système économique, mieux qu'une dictature ou même un compromis politique : une symbiose de civilisation, un nouvel humanisme à l'échelle de l'univers. Nous aurons renoncé à un orgueil fratricide, à une pureté stérile, sinon impossible [...].

Nous aurons choisi librement, musulmans et chrétiens, Nègres et Européens. Pour notre peuple et chacun pour soi-même. C'est dire que notre Union française sera également à la mesure de l'*Homme* [...].[104]

La civilisation de l'universel proclamée par le président du Sénégal fait pendant à la culture mondiale annoncée par Malraux. L'une et l'autre idéalisent le dialogue des cultures transcendant les intérêts de nations et de classes. Ainsi la colonisation est vue comme un apport culturel qui compense les dégâts de la politique économique. Pour Malraux, la France est devenue la plus grande puissance romaine après avoir subi la colonisation romaine et il cite Senghor qui prédit la naissance d'une « *civilisation afro-latine* » (*ML*, 532). Pour sa part, Senghor prétend que le bilan des échanges ne donne qu'un léger avantage économique à la France :

« La vérité est que, tout au long des siècles coloniaux, il y a eu un échange, même s'il n'était pas équilibré ; il est vrai que nous avons enrichi la France avec nos matières premières, mais nous avons reçu d'elle des produits manufacturés, les machines et les bienfaits de la technique. La France nous a donné sa culture et sa langue, mais nous aussi, nous avons marqué de notre sensibilité son art et sa pensée. »[105]

La juxtaposition des déclarations de Senghor et de Malraux atteste que la France a remarquablement su « vendre » son image de marque. L'étiquette justifie le prix et rassure l'acheteur ; pendant une décennie, elle fut signée Malraux.

5. MAI 1968.

la crise de la jeunesse

Si les événements de Mai 68 ébranlèrent et faillirent renverser l'édifice gaulliste, l'année suivante allait redorer le blason d'institutions que l'on pouvait légitimement croire condamnées, et renforcer la représentation parlementaire du parti gaulliste. Pour les institutions de l'État gaulliste, Mai représente ainsi une épreuve réussie, mais à terme il porte un coup terrible au prestige du chef de l'État et sonne le glas de son pouvoir charismatique. Dans ces péripéties, le sort politique de Malraux se confond avec celui du Général, alors que son propre prestige à certains égards est beaucoup plus atteint. Malraux se trouve mis en accusation d'une façon bien plus aiguë que le fondateur de la Ve République, qui fait face à une jeunesse hostile, comme étrangère. C'est dans un sens sa propre jeunesse qui affronte Malraux pendant les événements de Mai. Ministre de la Culture depuis dix ans, il ne peut renier ces jeunes qui ont grandi sous son influence et à l'ombre de sa légende. Romancier, il avait exploité les mythes qui ravagent cette jeunesse, et qui avaient inspiré la sienne. Max Torrès l'avoue dans *Le Miroir des Limbes* : « *Rien de meilleur que de voir ses étudiants atteints de sa propre maladie ! Ça instruit ! Tous ces mythes qui nous ont habités...* » (ML, 590). Bien que Malraux se dise insurgé parce que gaulliste, sa jeunesse de révolté plaide contre lui.

Son aura révolutionnaire irrémédiablement ternie, surtout aux yeux des jeunes, il n'a pu manquer de ressentir, en son for intérieur, une pointe d'amertume devant le sort que Mai lui avait réservé. On a vu transparaître dans ses observations sur la façon dont Mao avait affronté la crise de la jeunesse chinoise une admiration sans bornes et peut-être même, en filigrane, une certaine envie envers ce stratège de l'Histoire, qui avait su aller au-devant de la révolte des jeunes, la prévoir, puis déclencher la révolution culturelle prolétarienne, au profit de sa politique et de sa légende. Malraux, intime du général de Gaulle, n'a pu y faire face qu'en se joignant aux barons du gaullisme, l'équivalent français des « maréchaux sclérosés » chinois. Les photographies de Malraux prises pendant la descente des Champs-Élysées donnent une image frappante du ministre, apparemment en transes, flanqué de notables parmi lesquels il donne le sentiment de se croire porté par le peuple gaulliste (p. 176[4]).

Malraux parle longuement de la crise du monde moderne dans *Hôtes de passage*. Les événements de Mai sont à la fois le point de départ de réflexions sur la crise et l'occasion d'une riposte aux jeunes. Il s'agit d'une longue discussion, l'après-midi du 6 mai 1968, entre l'auteur et Max Torrès, *alias* Max Aub. La conversation est ponctuée de télex provenant du ministère de l'Intérieur, qui rapportent le flux et le reflux des heurts entre manifestants et forces de police. Le personnage de Max Torrès est merveilleusement adapté à son rôle, qui est de porter sur les jeunes un jugement que Malraux ne veut pas prendre à son compte. Ses qualités d'homme du xxᵉ siècle, assez comparables à celles de Malraux, sont soulignées. Il avait été républicain en Espagne ; c'est donc un révolutionnaire combattant. « Communisant mal vu du Parti », c'est un non-conformiste de gauche. Ancien psychanalyste devenu spécialiste de la chimie du cerveau, il parle en connaissance de cause des deux grandes écoles psychologiques : la psychanalyse freudienne et la psychologie du comportement. En particulier, il traite avec autorité des effets psychiques des stupéfiants. Certaines phrases de Max Torrès recèlent les idées-forces de Malraux exprimées dans le style de son interlocuteur, assez familier : « *Les hommes ont cru au temps sacré, à la fête, aux mythes. Aux religions. Puis à l'Histoire, à la Science, au Progrès. Enfin à la Révolution, au Prolétariat, à l'Inconscient, etc. C'est pareil.* » (ML, 584). « *Pour toi, qu'est-ce qui a joué le rôle de la mort ?* », demande Malraux à Torrès. Et celui-ci de répondre : « *[...] c'est la caricature ! La pensée de mes étudiants m'intrigue et m'exaspère, mais elle est la caricature de la mienne, enfin, d'une partie de la mienne, vois-tu bien ! Aucun portrait n'est aussi révélateur qu'une caricature !* ».

La réaction de Malraux aux événements de Mai est regrettable. Ses discours pour les campagnes des élections législatives et du référendum, où les nuances de la métaphysique sont noyées dans l'emphase des slogans électoraux, le rangent parmi ces « intellectuels au rancart » qu'il brocardait naguère avec tant d'allégresse[106]. Prophète de crises, Malraux apparaissait comme un personnage non certes dépourvu de grandeur, mais tristement coupé du réel, et dont les spéculations intellectuelles reflétaient mal les réalités sociales. Or voici que les événements de 1968 donnaient enfin quelque crédibilité à ce prophète qui s'époumonait depuis une quarantaine d'années («D'une jeunesse européenne» remonte à 1927). Mai 68 représente le nadir de son prestige ; sa pensée, incomprise parce que obscure, n'est cependant pas sans valeur.

Dans ce contexte il est intéressant de constater que les observations de Malraux sur la signification de Mai trouvent un écho dans divers milieux. Philippe Labro et Michèle Manceaux écrivent dans un livre consacré aux événements de Mai 68 : «*André Malraux, quoique membre de ce gouvernement que la génération de mai 68 avait voulu renverser, ne tenait pas des propos tellement dissemblables de ceux rapportés tout au cours de ce livre.*» (p. 236[107]).

C'est aussi la conclusion qu'on pourrait tirer des réflexions d'Alain Tournier citées dans ce même ouvrage. Il faut donc se garder de confondre la réaction de Malraux ministre gaulliste face à la menace d'une éventuelle insurrection avec les commentaires de l'observateur cherchant à comprendre la signification de la crise qui déferle partout dans le monde. Ceux-ci sortent du cadre politique pour déboucher sur une interprétation sociologique.

Malraux n'approuvait pas ce que disait la jeunesse, dont la révolte lui apparaissait toutefois comme un fait extrêmement important, révélateur d'une crise profonde. Il savait écouter peut-être mieux que d'autres responsables politiques le grondement de contestation, et il faisait moins cas des slogans que la gauche institutionnelle. Dans les incohérences des révoltés, il voyait l'esquisse d'un malaise que les revendications des jeunes traduisaient très confusément. Pour Malraux, les analyses des marxistes orthodoxes n'avaient pas prise sur cet univers des jeunes, lesquels semblaient inventer spontanément cette synthèse de Marx et de Freud qu'on retrouve dans les œuvres de Marcuse et de Reich ; spontanément, parce que, selon Labro et Manceaux, les œuvres de ceux-ci n'étaient connues que d'un étudiant sur dix. La Révolution de Mai ne s'était fixé qu'incidemment pour but la prise du pouvoir, le renversement de l'ordre social, la transformation des rapports de production ; au fond elle visait surtout la « prise de parole ». Certains slogans de l'époque expriment des buts apolitiques (c'est-à-dire non réalisables) : « L'imagination au pouvoir », « Sous les pavés, la plage »... D'autres slogans des contestataires s'en prennent aux marxistes : « Avec le prolétariat toujours, pas toujours avec Marx ». Les manifestants allaient dénoncer un peu plus tard avec la même vigueur l'invasion de l'ancienne Tchécoslovaquie par les troupes du pacte de Varsovie et la présence américaine au Vietnam. On contestait la société de consommation telle qu'elle se développait des deux côtés du rideau de fer. Par la critique des révisionnistes, certains groupes (singulièrement les maoïstes et les trotskistes) continuaient de s'identifier aux principes du communisme, et d'autres situaient leurs objectifs, souvent bien vagues, dans une perspective étrangère à l'eschatologie marxiste. Malraux racontera en 1974 le refus de certains contestataires de formuler leurs buts, sous prétexte qu'une telle démarche eût été un début d'embourgeoisement[108]. Ils résistaient sourdement à la « récupération » de leur mouvement par les organisations politiques, depuis le P.C.F. jusqu'à l'U.N.E.F., car « *ceux qui ne sont pas idiots ne veulent pas opposer un nouveau type de pouvoir à l'ancien. Ils veulent opposer un nouveau mode de vie à l'ancien. Et ce nouveau mode de vie n'est pas un mode durable, c'est un mode éphémère* » et de conclure : « *Ils reviennent au fond aux grandes théories de la fête.* »[108]. En commentant en 1968 le manque de jugeote politique des révoltés, Malraux ne mâche pas ses mots :

Vous m'avez cité la phrase « l'imagination au pouvoir ». Mais voyons, c'est une plaisanterie ! Est-ce que nous allons oublier, — nous avons su ce qu'est une vérité politique, — est-ce que nous allons oublier tout ce qui a été notre vie ? Ce n'est pas l'imagination qui prend le pouvoir, ce sont des forces organisées.

(p. 93[3])

Mais tout en reprochant aux révoltés leur manque de réalisme politique, Malraux reste conscient de la force de cette « révolte lyrique », de ces sentiments négatifs qui traduisent un refus de laisser canaliser — par les organisations établies et donc compromises — les énergies révolutionnaires qui se sont libérées (p. 84[4]). Que la révolte ne pût s'exprimer pleinement à travers des programmes politiques, d'autres que Malraux l'ont noté. Dans le livre de Labro et Manceaux, un militant du 22 mars raconte l'attitude des blousons noirs derrière les barricades : « *Ils faisaient ce qu'ils avaient envie de faire, ils étaient heureux, ils vivaient profondément un instant des plus importants de leur vie.* » (p. 66[107]). Dans le même ordre d'idées, voici comment Malraux décrit la révolte irrationnelle de Mai 68 :

Les hommes en noir qui, avec des boucliers, des casques et des barres de fer, se jettent les uns sur les autres n'ont pas réellement l'ambition de conquérir l'État. Ils cherchent d'abord à exister. Vous vous souvenez du jour de mai 1968 où les étudiants sont passés devant le Palais-Bourbon vide en criant « Hop ! Hop ! » sans même songer à y entrer ? Vous imaginez la tête de Lénine si on lui avait dit que ses troupes avaient eu la possibilité d'envahir la Douma et qu'elles étaient allées plutôt jeter des cailloux dans l'eau de la Neva ? Les révoltés de 1968 ne cherchaient pas le pouvoir. Autre chose.   (p. 143[67])

Les citations qui précèdent vont dans le sens de la thèse selon laquelle Mai 68 serait un psychodrame, mais on pourrait tout aussi bien porter au crédit des contestataires leur refus de l'aventurisme révolutionnaire. Après la rencontre de Gaulle-Massu en Allemagne il n'était pas possible d'exclure, en cas d'accrochages sérieux, des mesures autrement redoutables que les charges des C.R.S.. Malraux lui-même constate le véritable rapport de forces entre gouvernants et contestataires et il observe, contredisant ainsi des déclarations antérieures, que Mai 68 était la fin et non plus le début de quelque chose :

[...] nous avons eu affaire à des insurgés qui construisaient des barricades. Mais enfin, nous savons bien tous que construire une barricade, c'est absolument du théâtre. Qu'est-ce que signifie une barricade [...] ? C'était le moyen d'empêcher la cavalerie de passer, de charger. À partir du moment où vous engagez des chars, vous entrez complètement dans un problème moral. Parce que si le gouvernement avait voulu faire sauter les barricades non pas avec des C.R.S., mais avec des chars, il n'avait

qu'à mettre des chars et c'était fini. C'est un phénomène « de queue »,
si je peux dire, c'est la fin de quelque chose.   (p. 94[3])

Les insurgés s'inclinaient devant la menace d'une force
supérieure, mais pour Malraux le vrai conflit se situait ailleurs.
Les questions soulevées en mai — la réforme de l'Université,
la critique des impérialismes américain et soviétique, etc. —
masquaient des problèmes existentiels. C'est pourquoi Malraux
peut parler de « crise de conscience ». Dès lors il est certain que
les solutions politiques ne sauraient être que des palliatifs.
Malraux ne dit pas autre chose : « [...] *nous sommes au début
d'un drame. Je ne crois pas du tout que cela va finir parce qu'on
va organiser un peu mieux l'université. Bien sûr, on l'organisera
mieux, mais le drame est d'une bien autre ampleur...* » (cité
p. 238[107]).

En revanche, lorsqu'il suggère que le problème à résoudre
n'est pas politique, il parle précisément en tant qu'homme
politique. S'adressant aux jeunes gaullistes :

Que la révolte de la jeunesse soit d'ordre métaphysique, son incroyable
confusion dans le domaine politique suffirait à le montrer. [...]
    Un problème métaphysique n'a pas de solution politique, il ne peut
s'accommoder de solutions politiques qui lui préexistent.   (p. 98[109])

La crise de Mai 68 fut un ébranlement culturel d'une telle
violence que Malraux, à ce propos, n'hésita pas à évoquer
l'Apocalypse (p. 99[109]). Pour faire valoir que cette crise ne relevait
pas de solutions politiques « de gauche », il n'avait sans doute
pas de meilleur argument que le caractère spontané, désordonné
et quasi universel des révoltes qui ont suivi ou qui ont précédé
la rébellion de 1968 en France. L'esprit de Mai 68 n'a épargné
ni l'Occident capitaliste, ni les pays socialistes d'Europe ou
d'Asie, ni le Japon, ni même le tiers monde, puisque le Mexique
a été touché. Une véritable crise de conscience mondiale s'était
ouverte.

la crise de la « civilisation de la machine »

Malraux n'a aucun doute quant à l'origine de ce bouleversement à l'échelle mondiale, lié selon lui à l'avènement de la troisième révolution industrielle. La mondialisation des marchés est un événement historique capital. Dans cette perspective, il importe peu qu'elle s'opère grâce au colonialisme classique, au néocolonialisme, ou même à ce capitalisme d'État qu'était le socialisme soviétique. Lorsque Malraux constate que : « *Ce qui existe, c'est le capitalisme...* »[110], il désigne les économies industrielles développées en négligeant leur spécificité. Dans cette optique, les buts des révolutions politiques deviennent accessoires. Il est désormais manifeste que les objectifs des États modernes, quelles que soient leurs options idéologiques, passent par l'application de la technologie à tous les secteurs de l'industrie. La course au développement n'est cependant pas simplement une rivalité entre États, mais une guerre entreprise par nécessité afin de contrecarrer les effets négatifs de la technique même. Tout retour en arrière étant exclu pour des raisons démographiques et énergétiques liées à l'épuisement des ressources naturelles, nous sommes condamnés à une politique du bord du gouffre, parant au plus pressé. L'innovation technique est devenue indispensable pour différer le désastre que l'homme s'est étourdiment préparé, l'écroulement de la civilisation par suite de la pénurie d'énergie, de l'épuisement des matières premières et de la pollution de l'environnement. S'accrochant à la machine comme le toxicomane à sa drogue, l'homme voit ses triomphes d'hier se muer en victoires précaires.

De là il n'y a qu'un pas à franchir pour attribuer une volonté de domination à la technique dans cette lutte qui l'oppose à l'homme. Malraux déclare :

« Ce n'est pas la civilisation occidentale qui tire à sa fin, mais la civilisation de la machine. La machine est maître du monde. General Motors gagne beaucoup d'argent avec ses machines, mais tout son argent, ou bien elle l'utilise pour construire davantage de machines, ou bien elle le place dans des banques. Et cela est un geste purement symbolique parce que les banques à leur tour investissent l'argent en machines. Autrement dit, une fois que vous avez une structure de pouvoir fondée sur les machines, tous les investissements, même en régime communiste, vont aux machines. Il y a donc une lutte entre nous et les machines. » (p. 33[66])

La crise de la conscience qui caractérise notre époque est née de l'éclatement de la contradiction entre la prodigieuse réussite technique de la civilisation moderne et le fiasco de l'idée sous-jacente à cette civilisation, celle d'un progrès illimité vers un avenir radieux. Conçue comme l'évolution de la technique, l'Histoire universelle devient indifférente, voire hostile au sort de l'homme, qu'elle entraîne pourtant dans son sillage. L'incapacité de la science à combler les espoirs qu'elle suscitait est devenue patente après les drames de Hiroshima et, dans une moindre mesure, de Tchernobyl. Le problème du mal a resurgi avec la torture et les camps de concentration. Ainsi que Malraux l'avait expliqué en son temps devant l'U.N.E.S.C.O., tout cela démontre que si la science, malgré son passif, engendre le progrès, elle n'a pas réponse à tout. C'est dire qu'elle ne peut pas remplacer le christianisme, qui n'a peut-être pas supprimé la guerre, mais qui « *a créé une figure de l'homme devant la guerre que l'homme pouvait regarder en face* » (p. 78[93]). L'absence de foi livre l'homme aux mythes modernes. Et alors que s'évanouissent les espoirs placés dans la science, la psychanalyse naissante a tenté d'expliquer le problème du mal en l'intériorisant : « *Lorsque la religion perd son caractère fondamental, un élément ténébreux apparaît. Cet élément a toujours existé, existe toujours. Mais les religions l'assumaient. Ainsi Freud invente son propre diable, en l'absence de religion.* » (p. 18[65]).

Malraux explique à Senghor que la machine est aussi une manifestation du mal :

« Vous savez bien que la machine est aussi un diable, dis-je.
— En quoi ?
— L'argent gagné par la machine ne peut s'investir qu'en machines. L'apprenti sorcier, une fois de plus. [»] (*ML*, 533)

Au fond si la science ne peut proposer un modèle de l'homme, c'est qu'elle est incapable de fonder des valeurs. L'échec des sciences humaines, aux yeux de Malraux, ne serait qu'une conséquence du fait que l'homme, donnée assurément mystérieuse, est une énigme que l'on ne peut résoudre comme on résout une équation algébrique.

La puissance technique de notre civilisation, qui devrait être un gage de sa pérennité, est plutôt un présage de mort. Malraux évoque ce paradoxe dans un entretien avec Guy Suarès :

> — [...] la civilisation dans laquelle nous sommes, et dont nous sentons que les valeurs sont mourantes ou à naître, est la civilisation la plus puissante que le monde ait jamais connue.
> — N'y a-t-il pas là une sorte de paradoxe ?
> — Oui. J'avais exprimé ça en disant : à quoi bon aller dans la Lune, si c'est pour s'y suicider ? Mais encore sommes-nous capables d'aller dans la Lune... Venons-en au troisième caractère [de notre civilisation]. Le premier : civilisation sans précédent. Le second : sans valeurs reconnues. Le troisième : une civilisation séparée du cosmos. (p. 25[4])

Or ce ne sont pas là des phénomènes distincts. La crise des valeurs découle de la mise en question du progrès et de la science, dont on se rend compte tout à coup qu'elle recèle d'effroyables dangers si elle est appliquée de manière irresponsable. Par ailleurs, il y a crise de civilisation lorsque la découverte du pluralisme culturel provoque une rupture de la tradition :

> Nous croyons que notre civilisation, comme les autres, est en cours de développement, mais notre civilisation à nous est héritière de toutes les autres, elle se veut héritière de toutes les autres. Les civilisations précédentes avaient au maximum une civilisation à laquelle elles se référaient, mais jamais plus. Les Égyptiens ne se réfèrent pas à un passé préhistorique du monde. Nous, nous nous référons à tout. (cité p. 237[107])

Refermant le cercle, cette civilisation mondiale se révèle grâce à la technique : l'audiovisuel, et encore plus Internet, créent ce que McLuhan appelle le « village mondial ». Le monde où nous entrerons demain, si nous n'y sommes pas déjà, porte la promesse d'une culture universelle, dont nous ne profiterons que si nous réussissons à résoudre les problèmes que pose une puissance technique satanique. L'homme est désemparé devant l'étendue de ces problèmes, car la crise des valeurs le prive de ses anciens principes directeurs.

C'est donc à la charnière du dépérissement d'une culture essoufflée et de l'apparition incertaine de son successeur que Malraux situe la crise actuelle, dont Mai 68 fut un des signes les plus évidents. Constamment aux aguets, le prophète de la culture universelle accueille avec espérance les indices du monde à venir.

crise de conscience et conscience de la crise

« *Le mouvement contradictoire de la société capitaliste se fait sentir au bourgeois pratique de la façon la plus frappante, par les vicissitudes de l'industrie moderne à travers son cycle périodique, dont le point culminant est la crise générale.* »[111].

Marx avait tout prévu, ou du moins beaucoup d'observateurs le pensaient-ils. Depuis son expansion mondiale assurée par le colonialisme jusqu'à l'extrême sophistication que nous lui connaissons aujourd'hui, le mode de production capitaliste ne fait qu'illustrer la crise qui lui est consubstantielle. L'écroulement menace, les signes précurseurs se multiplient, et voici qu'une guerre ou quelque autre péripétie fortuite reporte le dénouement du drame. Ce ne sera pas la fin de l'Histoire, mais seulement le terme d'un cycle. Dans l'intervalle, les sursis ne font que rendre plus certain le paroxysme final et à coup sûr plus absurde le temps arraché à l'Histoire.

Il serait tentant d'insérer la pensée de Malraux dans le cadre général de cette crise annoncée par Marx et commentée par ses épigones. Expression de l'Europe bourgeoise et libérale, la pensée de Malraux traduirait de manière partielle et individualiste le mouvement de l'Histoire, sans en saisir la finalité. Lorsque le prix Nehru lui fut décerné le 16 novembre 1974 à la Nouvelle-Delhi, il parla des effets désastreux de l'application irresponsable de la science, qu'il s'agisse des retombées nucléaires ou de celles que nous ne connaissons pas encore. Il n'attend pas de la science qu'elle apporte une solution au problème, mais il propose la création d'un organisme international

[...] chargé de rassembler les techniques employées dans les domaines non politiques pour l'action commune, importante et limitée, de puissances différentes ; et d'étudier la transposition de ces méthodes dans les domaines de votre charte : essentiellement, celui du rapprochement entre les peuples.

(p. 14[112])

Cette déclaration est restée sans suite.

Alors que le xxe siècle tire à sa fin avec son cortège de guerres ethniques et fratricides, les avertissements prophétiques de Malraux prennent un sens nouveau. La fin des idéologies n'a pas signifié celle des conflits : elles ont souvent fait place à des passions politiques plus crues, et notamment le nationalisme, qui ravagent le paysage international. Dans ce sommeil, ou pis ce demi-sommeil de la raison, le devoir du clerc moderne reste de stigmatiser les mythes qu'il engendre.

Malraux a défendu courageusement les droits de l'artiste face au pouvoir politique, mais son concept d'humanisme universel — avec l'actif concours de Senghor — a surtout servi les intérêts nationaux de la France en Afrique. Voyant en de Gaulle un maître de l'Histoire dépassé seulement par Mao, Malraux avait cru participer à l'élaboration et à la mise en œuvre d'un dessein historique français. Comme Napoléon échafaudant ses plans à partir des rêves de ses soldats endormis, Malraux se référait à l'Histoire pour élaborer la politique de la France. En faisant vaciller l'État gaulliste, Mai 68 a montré que l'Histoire échappe parfois à ceux qui s'en prétendent les maîtres.

CONCLUSION

l'esprit rebelle

L'esprit de Malraux, c'est d'abord la révolte : révolte de l'écrivain politiquement engagé contre le régime colonial, contre les fascismes, contre Franco, contre les systèmes nazi et stalinien ; révoltes philosophiques contre Marx, Spengler et Toynbee ; révolte esthétique contre les arts d'assouvissement et contre la direction politique de l'art, refus de la tradition ; révolte du penseur contre l'agonie de la civilisation occidentale et peut-être plus encore révolte de l'homme contre la souffrance et la mort.

Dans le domaine de l'Histoire il récuse le millénarisme et plus particulièrement le progressisme marxisant qui a relayé l'optimisme de l'Âge des Lumières. À cette pierre angulaire de l'analyse marxiste qu'est l'antagonisme des classes sociales, il oppose la fonction médiatrice de l'État. C'est en cela que le Malraux de l'époque indochinoise rejoint celui de la période gaulliste. Au progressisme rationaliste il oppose une conception plus spenglérienne de l'Histoire, dominée par des forces ténébreuses telles que la nation. Dans cet «humanisme tragique» de Malraux, l'homme fait face à une *histoire-destin*. Si l'Histoire n'a pas de signification humaine, c'est à l'homme d'agir pour lui en donner une. Devant l'irrationalité de l'Histoire, Malraux cherche à s'affirmer irrationnellement dans la révolte. D'où une espèce de désespoir lucide qui débouche tantôt sur l'engagement politique — le «moyen de l'Histoire» — tantôt sur une révolte esthétique.

Dans le domaine politique Malraux s'engage dans des combats aléatoires, sinon perdus d'avance, contre l'administration coloniale en Indochine, contre la montée du fascisme dans l'Europe des années Trente, contre le coup de Franco. Il n'est qu'accessoirement, dans sa jeunesse, un compagnon de route des communistes, se battant en premier lieu pour certaines valeurs culturelles (la « volonté de découverte » et la « volonté de conscience »), contre des systèmes politiques. Il entre dans la Résistance dès qu'il a la conviction que son action y sera efficace.

Après la guerre il dirige ses coups contre le stalinisme. Certes, il combat aussi pour de Gaulle, mais selon le mot de François Mauriac : « *C'est contre le formidable Staline qu'il mène sa partie, ce David sans âge. Il se bat contre Staline beaucoup plus qu'il ne se bat pour de Gaulle. Dirai-je le fond de ma pensée : je crois à André Malraux assez de superbe pour qu'il considère Charles de Gaulle comme une carte de son propre jeu...* » (cité p. 338[13]).

Pour Malraux le fait de combattre compte plus que la victoire et le geste d'Antigone symbolise le courage de tous ceux qui ont su dire non à l'Histoire. Et lorsque l'écrivain se fait aventurier, il est surtout mû par le désir d'affirmer sa personnalité : le raid en Arabie à la recherche de la capitale de la reine de Saba illustre bien le côté farfelu du personnage et sa tendance à la mythomanie. Perpétuellement agité, Malraux cherche à combler le vide par l'action. Déjà septuagénaire, il tente encore de s'enrôler dans la lutte pour l'indépendance du Bangladesh.

Dans le domaine culturel, la pensée de Malraux s'identifie aussi à une révolte : contre le dirigisme esthétique sévissant à Moscou, mais également contre les arts d'assouvissement et la culture de masse en Occident. L'art est un antidestin, une révolte contre la tradition, contre la maladie, la souffrance et la mort. La création artistique et l'action sont les meilleures armes contre l'inéluctable déclin de la civilisation. À l'agonie de la culture occidentale prédite par Spengler, Malraux oppose la métamorphose qui permet aux civilisations, vases clos d'après Spengler, de communiquer par le truchement de l'art. Les œuvres des civilisations étrangères contemporaines ou des hautes époques ne sont pas muettes, dit-il, mais elles peuvent transmettre des valeurs. D'où cette idée nouvelle que la civilisation moderne, notamment en Occident, est héritière pour la première fois de toutes les civilisations de la terre. Dans cette civilisation de l'universel, qui a perdu le sens du sacré, le musée prend une importance capitale, comme jadis les temples et les tombeaux.

Alors que l'histoire-destin sous-tend toute l'évolution de sa pensée, c'est une nouvelle conception historique qui semble se dessiner chez Malraux vers la fin de sa vie. Contemplant les révolutions qui ont marqué le siècle et prenant acte de la désillusion née de l'échec du socialisme, il constate que le capitalisme est toujours là, incontournable, phénix renaissant constamment de ses cendres. Aussi peut-on être enclin à penser que la seule véritable histoire universelle est celle qui décrit le développement capitaliste, l'expansion de son marché jusqu'aux confins de la terre, jusques et y compris dans les anciens pays socialistes, et l'accumulation sans cesse croissante du capital, autrement dit une histoire qui n'a cure des espérances humaines. Ayant terrassé les idéologies, le capitalisme progresse à Moscou comme à Tokyo, à Pékin comme à Francfort. Les déclarations de Malraux concernant le machinisme expriment cette idée que dans le système de l'économie de marché comme dans celui du feu commerce d'État, les bénéfices s'investissent dans les machines ou dans la recherche. La part de travail non-payé que Marx voulait restituer aux travailleurs est partout destinée à s'investir dans de nouvelles machines et par là même à engendrer des profits concourant au développement d'un vaste réseau capitaliste de plus en plus perfectionné. De Venise à Anvers, de Gênes à Amsterdam, de Londres à New York, le capital s'accroît, il se répand, il prospère malgré les crises, sans se soucier des nationalismes ni *a fortiori* des hommes. Cette conception s'oppose autant au méliorisme américain qu'au progressisme socialiste, car il n'est pas dit que la machine du capital ait pour but d'améliorer le sort des hommes.

À la recherche de sa propre cause, Malraux l'autodidacte s'insurgeait contre le panthéon intellectuel, contre les démiurges Freud et Marx et toute leur suite. Il refusa de se résigner à l'Âge des techniciens et, au risque de se condamner au dilettantisme, il insista pour penser son monde, fût-ce au bénéfice d'un irrationalisme profond. À l'aube du nouveau siècle, il restera peut-être davantage de cette attitude que des constructions rationnelles élevées sur les fondements d'une Raison en disgrâce.

1. André MALRAUX, « L'Œuvre d'art », *Commune*, n° 23, juil. 1935, pp. 1264–6.

2. André MALRAUX/Michel DROIT, « Malraux parle... », *Le Figaro littéraire*, 23–29 oct. 1967, p. 13.

3. André MALRAUX, « Entretien accordé au journal allemand *Der Spiegel* (octobre 1968) », *Espoir*, n° 2, janv. 1973, pp. 91–6.

4. Guy SUARÈS, *Malraux, celui qui vient* (Paris, Stock, 1974).

5. Dans son article « A. M. au jour le jour » (*La Nouvelle revue française*, n° 295, juil. 1977, pp. 53–77), Pierre Moinot appuie cette opinion : « *Je suis frappé de voir combien A. M. est tenté de tout définir par rapport à l'Histoire, comme si l'Histoire, à tel moment donné, était l'expression enfin analysable du destin.* » (p. 63).

6. Carlo ANTONI, *L'Historisme* (Genève, Droz, 1963).

7. André MALRAUX, *Le Triangle noir* (Paris, Gallimard, 1970), « Goya en blanc et noir », p. 73.

8. André MALRAUX, « Staline et son ombre », *Carrefour*, n° 276, 27 déc. 1949, pp. 1 et 13 ; repris dans le supplément de *Carrefour*, n° 1680, 9 déc. 1976, pp. II-III.

9. Voir G. W. F. HEGEL, *La Raison dans l'Histoire : introduction à la philosophie de l'Histoire* (Paris, Plon, « 10/18 », 1965), p. 106.

10. Jeanne DELHOMME, *Temps et Destin : essai sur André Malraux* (Paris, Gallimard, « Les Essais », 1955).

11. Franz BORKENAU, *European Communism* (Londres, Faber & Faber, 1953).

12. James BURNHAM, « André Malraux à James Burnham », *Le Rassemblement*, n° 51, 10 avril 1948, pp. 1-2 et « Les Intellectuels et le communisme — un dialogue d'André Malraux et de James Burnham », *Le Rassemblement*, n° 52, 17 avril 1948, p. 3.

13. Jean LACOUTURE, *André Malraux : une vie dans le siècle* (Paris, Seuil, 1973).

14. Cité in Henry TANNER, « Malraux Explains Some Changes in his Opinions », *The New York Times*, 22 Oct. 1968, pp. 49 et 56 [trad.].

15. Walter G. LANGLOIS, *André Malraux : l'aventure indochinoise* (Paris, Mercure de France, 1967).

16. Vladimir LÉNINE, *L'État et la révolution* (Paris, Éditions Sociales-Moscou, Éditions du Progrès, 1975), pp. 11-2.

17. Andrée VIOLLIS, *Indochine S.O.S.* (Paris, Gallimard, 1935).

18. André MALRAUX, « Occident et Orient : Réponse aux 64 intellectuels d'*Occident* », *Crapouillot*, "*Expéditions coloniales : leurs dessous — leurs atrocités*", janv. 1936, pp. 63-4.

19. Dans *L'Impérialisme, stade suprême du capitalisme*, Lénine avait déjà apporté bien des précisions à la théorie marxiste de l'impérialisme, développées dans les travaux de Samir Amin et d'Emmanuel Arghiri.

20. André MALRAUX/Jean-Pierre FARKAS, « Malraux face à un journaliste », *Le Nouveau Candide*, n° 336, 2–8 oct. 1967.

21. André MALRAUX/Albert OLLIVIER, « Lignes de force », *Preuves*, n° 49, mars 1955, pp. 5–15.

22. Léon Trotsky, *La Révolution permanente* (Paris, Minuit, « Idées », 1963) ; voir à ce propos André Lorant, *Orientations étrangères chez André Malraux : Dostoïevski et Trotsky* (Paris, Lettres Modernes, « Archives des lettres modernes » 121, 1971).

23. Cité in J. E. Pouterman, « André Malraux attaqué par Trotski », *Commune*, n°45, mai 1937, p. 1128.

24. Jean Vilar, « Un Entretien avec André Malraux », *Magazine littéraire*, n°54, juil.-août 1971, pp. 10–24 (pp. 10-1).

25. Discours de Malraux in Henri Barbusse, André Gide, Romain Rolland *et al.*, *Ceux qui ont choisi* (Paris, A.E.A.R., 1933), p. 14.

26. Georges Soria, *Guerre et révolution en Espagne (1936–1939)*. I : *Genèse* (Paris, Livre Club Diderot-Robert Laffont, 1975), « Entretien-Préface avec André Malraux », p. 11.

27. David Caute, *Les Compagnons de route (1917–1968)* (Paris, Robert Laffont, 1979).

28. Lucien Goldmann, *Pour une sociologie du roman* (Paris, Gallimard, « Idées », 1964), pp. 244–57.

29. Œuvre inachevée qui a paru sous le titre « N'était-ce donc que cela ? » dans *Liberté de l'esprit*, n°3, avril 1949, pp. 49–51 ; n°4, mai 1949, pp. 86–7 ; n°5, juin 1949, pp. 117-8.

30. Frédéric J. Grover, *Six entretiens avec André Malraux sur des écrivains de son temps (1959–1975)* (Paris, Gallimard, « Idées », 1978).

31. Voir « Le Siècle de l'espoir s'achève », *Carrefour*, n°288, 21 mars 1950 : « *Ce n'est pas la prophétie internationaliste qui s'est accomplie, c'est celle de Spengler : "Le XXe siècle sera celui des guerres nationales".* » (p. 2).

32. Voir l'entretien « Sur Drieu La Rochelle » (pp. 26-7[30]) :

> F. G. — [...] Qu'était le Nietzsche de Drieu ?
> A. M. — Eh bien c'était d'abord le grand irrationaliste. En second lieu, l'initiateur à la pensée orientale, l'homme de l'éternel retour.

33. André Malraux/Olivier Germain-Thomas, « Les Réalités et les comédies du monde », *L'Appel*, n°13, janv.-févr. 1975, pp. 5–31.

34. René Grousset, *Bilan de l'histoire* (Paris, Plon, 1946), p. 1.

35. André Malraux/Jacqueline Baudrier, « L'Homme de l'Histoire » pp. 111–5 in Michel Cazenave *et* Olivier Germain-Thomas, *Charles de Gaulle* (Paris, L'Herne, 1973).

36. Guy de Carmoy, *Les Politiques étrangères de la France 1944–1966* (Paris, La Table Ronde, 1967).

37. Burnham, « André Malraux à James Burnham » (*loc. cit.*[12]), p. 2.

38. René Courtin, *L'Europe de l'Atlantique à l'Oural* (s. l., L'Esprit Nouveau, 1963).

39. P. E. Jacquot, *Essai de stratégie occidentale* (Paris, Gallimard, 1953).

40. [Trad. de] André Malraux in *Encounter*, t. XXX, no. 1, January 1968 (voir les extraits d'une émission à Europe 1).

41. André Malraux, « Lettre aux intellectuels américains », *Carrefour*, n°274, 13 déc. 1949 ; repris dans le supplément de *Carrefour*, n°1680, 9 déc. 1976, pp. I-II.

42. Anton Zischka, *Afrique, complément de l'Europe* (Paris, Robert Laffont, 1952).

43. Alfred GROSSER, *La Politique extérieure de la Ve République* (Paris, Seuil, 1965), p. 43.

44. Janine MOSSUZ, *André Malraux et le gaullisme* (Paris, Armand Colin, 1970).

45. « L'Entretien avec André Malraux », *L'Express*, n° 88, 29 janv. 1955, pp. 8–10 (p. 8).

46. Cité in Jean DANIEL, *Le Temps qui reste : essai d'autobiographie professionnelle* (Paris, Stock, 1973).

47. *Discours de M. André Malraux prononcé à l'occasion des manifestations patriotiques du 14 juillet 1958 sur la place de l'Hôtel-de-Ville à Paris* (Paris, Imprimerie Nationale, 1958), p. 35.

48. C. L. SULZBERGER, *Dans le Tourbillon de l'histoire* (Paris, Albin Michel, 1971), p. 256.

49. Roger STÉPHANE, *Chaque homme est lié au monde.* II : *Fin d'une jeunesse* (Paris, La Table Ronde, 1954), pp. 41-2.

50. Émile LECERF, *André Malraux* (Paris, Richard Masse, 1971), lettre datée du 13 mai 1947, pp. 14-5.

51. « Premier entretien avec André Malraux », *L'Express*, n° 83, 25 déc. 1954, pp. 10-11 (p. 10).

52. Olivier TODD, « Malraux par Malraux », *Le Nouvel Observateur*, n° 573, 3–9 nov. 1975 pp. 96–138.

53. « L'Héritage du général de Gaulle », *L'Express*, 16 mai 1953, p. 5.

54. Ni Raymond Aron ni Jules Monnerot n'ont pu confirmer l'existence de cette étude.

55. Raymond ARON, *La Révolution introuvable* (Paris, Fayard, 1968), p. 125.

56. André MALRAUX, « Le Problème du siècle », *Carrefour*, n° 296, 16 mai 1950 ; repris dans le supplément de *Carrefour*, n° 1680, 9 déc. 1976, pp. V-VI.

57. Julien BENDA, *La Trahison des clercs* (1927) (Paris, Grasset, « Pluriel », 1975).

58. Préface à Edmond MICHELET, *La Querelle de la fidélité : peut-on être gaulliste aujourd'hui ?* (Paris, Fayard, 1971).

59. Cité in Michel-Antoine BURNIER, « Dialogue », *L'Événement*, n°s 19-20, sept. 1967, p. 56–62.

60. George H. GERARD, « André Malraux m'a dit », *Occidental*, n° 1, 9-10 janv. 1949, p. 25.

61. Voir J. CHARLOT, « Fin du gaullisme ou fin d'un gaullisme ? », *Le Monde*, 2 mai 1969 ; repris dans Georges DUPEUX, *La France de 1945 à 1969* (Paris, Armand Colin, 1972), pp. 334–6.

62. André MALRAUX, « Discours prononcé aux assises de l'UNR-UDT (Nice) (24 novembre 1963) », *Espoir*, n° 2, janv. 1973, p. 56.

63. André MALRAUX, « Discours prononcé aux assises nationales du R.P.F. (Marseille) (17 avril 1948) », *Espoir*, n° 2, janv. 1973, pp. 13-4.

64. « André Malraux passe en revue le "jeu de marionnettes sinistre" de l'actualité », *Le Monde*, 12 mars 1974, p. 8.

65. André MALRAUX/Naïm KATTAN, « La Culture pour chacun, non la culture pour tous », *La Presse*, supplément « Perspectives », XVII, n° 27, 5 juil. 1975, pp. 18–21.

66. [Trad. de] André MALRAUX / Cabell BRUCE, « Our Civilization is in Crisis », *Newsweek*, August 12, 1974, pp. 30–3.

67. André MALRAUX/Georges SUFFERT, « En déjeunant avec Malraux », *L'Express*, 22–28 mars 1971, pp. 130–52.

68. A. MALRAUX, « D'une jeunesse européenne », pp. 129–53 in *Écrits*, Daniel HALÉVY *ed.* (Paris, Grasset, « Les Cahiers verts », 1917), p. 151.

69. *Le Figaro*, 18-19 déc. 1971, pp. 1 et 3.

70. Voir les articles de Maurice Denuzière dans *Le Monde* des 13 et 15-16 octobre 1973.

71. Préface aux *Chênes qu'on abat...* (Paris, Gallimard, 1971), p. 10.

72. Jean GRENIER, *Essai sur l'esprit d'orthodoxie* (Paris, Gallimard, « Idées », 1938), p. 175.

73. Préface à Bernard GAVOTY, *Lettre à Mozart sur la musique* (Paris, Émile-Paul, 1973), p. 14.

74. Sur l'évolution de la politique culturelle en U.R.S.S. pendant les années Vingt et Trente, voir : Edward J. BROWN, *The Proletarian Episode in Russian Literature (1928–1932)* (New York, Columbia University Press, 1953) et Vittorio STRADA, *Tradizione e rivoluzione nella letteratura russa* (Turin, Einaudi, 1969).

75. André MALRAUX, « L'Attitude de l'artiste », *Commune*, n° 15, nov. 1934, pp. 166–74.

76. Benjamin FONDANE, « Une Politique de l'esprit : le premier Congrès des écrivains de l'U.R.S.S. », *Cahiers du sud*, nov. 1934, p. 718.

77. Victor SERGE, *Littérature et révolution* (Paris, Librairie Valois, « Cahiers bleus », 1932), p. 35.

78. Maxime GORKI, « La Littérature soviétique », *Commune*, n°s 13-14, sept.-oct. 1934, p. 22.

79. André MALRAUX, « L'Art est une conquête », *Commune*, n°s 13-14, sept.-oct. 1934, pp. 68–71.

80. Andreï JDANOV, « Discours au premier congrès des écrivains soviétiques », *Action poétique*, n° 43, 2e trimestre 1970.

81. Nikoulaï I. BOUKHARINE, « Le Réalisme socialiste », *Commune*, n°s 13-14, sept.-oct. 1934, p. 55.

82. [Trad. de] Gianlorenzo PACINI, *Il Realismo socialista* (Rome, Savelli, 1975).

83. A. I. STETSKI, « Le Congrès et le Parti », *Commune*, n°s 13-14, sept.-oct. 1934, p. 61.

84. Vladimir GORBOUNOV, *Lénine : attitude à l'égard de l'héritage culturel* (Moscou, Academy of Sciences, « Social Sciences Today », 1970).

85. V. LÉNINE, *De la culture prolétarienne* (Moscou, Agence de Presse Novosti, 1969), « Les Tâches de la jeunesse », pp. 17-8.

86. Élézar BALLER, *Le Socialisme et le patrimoine culturel* (Moscou, Agence de Presse Novosti, s.d.).

87. Karl RADEK, « Littérature bourgeoise et littérature prolétarienne », *Commune*, n°s 13-14, sept.-oct. 1934, pp. 46-7.

88. André MALRAUX, « Sur l'héritage culturel », *Commune*, n° 37, sept. 1936, p. 1–9 (p. 2).

89. André MALRAUX, « Un Humanisme universel », *Liberté de l'esprit*, n°s 11-12, juin-juil. 1950, pp. 97–100.

90. André MALRAUX, « Trotzky », *Marianne*, 25 avril 1934, p. 3.

91. A. HABARU, « André Malraux nous parle de son œuvre », *Monde*, n° 124, 18 oct. 1930, p. 4.

92. Jacob BURCKHARDT, *La Civilisation de la Renaissance en Italie* (Paris, Plon et Club du Meilleur Livre, 1958), t. I, p. 265.

93. André MALRAUX, « L'Homme et la culture artistique », pp. 75–89 in *Les Conférences de l'U.N.E.S.C.O.* (s. l., Fontaine, 1947).

94. André MALRAUX, « Adresse aux intellectuels », *Le Cheval de Troie*, n°s 7-8, 1948, pp. 973–98.

95. Louis ARAGON, « Les Élites contre la culture », pp. 90–106 in *Les Conférences de l'U.N.E.S.C.O.* (*op. cit.*[93]).

96. André MALRAUX, « L'État n'est pas fait pour diriger l'art mais pour le servir », *Carrefour*, n° 393, 26 mars 1952 ; repris dans le supplément de *Carrefour*, n° 1680, 9 déc. 1976, p. VIII.

97. Gérard BELLOIN, *Culture, personnalité et sociétés* (Paris, Éditions Sociales, 1973).

98. Voir le pamphlet d'André Brincourt, *André Malraux ou le temps du silence* (Paris, La Table Ronde de Combat, 1966), dans lequel l'auteur attaque avec force et justesse l'incroyable contradiction entre le verbalisme du prophète de la civilisation de l'image et son manque d'action ou de combativité dans le domaine des moyens de communications de masse.

99. Pierre BOURDIEU et Alain DARBEL, *L'Amour de l'art : les musées d'art européens et leur public* (Paris, Minuit, 1969).

100. Allocution à Montréal le 14 octobre 1963 in *Le Devoir*, 15 oct. 1963.

101. Léopold Sédar SENGHOR, discours prononcé au Colloque sur l'Art nègre, *Coopération et développement*, n° 10, avril-juin 1966, pp. 13–7.

102. Dans son discours prononcé le 29 septembre 1968 pour la clôture de l'assemblée générale de l'Association des parlementaires de langue française, Malraux fait allusion à Senghor dans ces termes (*Espoir*, n° 2, janv.-févr. 1973, p. 89) : « *Et il se trouve que ces valeurs fondamentales que le président Senghor proclame comme celles de la négritude, sont exprimées principalement par des Africains de culture française. Nous assistons à une puissante symbiose afro-latine...* ».

103. Malraux cite Senghor :

Nous voulons être nous-mêmes pour nous-mêmes. Et cette possession, à la vérité, nous l'attendons d'une civilisation de l'universel. C'est pourquoi nous tentons plus que des révolutions sociales, plus que l'exploration du cosmos : l'élaboration d'un nouvel humanisme qui comprendra, cette fois, la totalité des hommes sur notre planète Terre. (*ML*, 527)

104. Léopold Sédar SENGHOR, *Liberté I : Négritude et humanisme* (Paris, Seuil, 1964), pp. 91-2.

105. [Trad. de] SENGHOR in Maria CARRILHO, *Sociologia della negritudine* (Naples, Liguori, 1974), pp. 110-1.

106. Voir ses discours prononcés le 20 juin 1968 et le 23 avril 1969, *Espoir*, n° 2, janv. 1973, pp. 84–8 et 100–3.

107. Philippe LABRO et Michèle MANCEAUX, *Mai-Juin 1968 : ce n'est qu'un début* (s. l., Éditions et Publications Premières, 1968).

108. Jean-Marie Dunoyer et Pierre Viansson-Ponté, « Un Entretien avec André Malraux », *Le Monde*, 15 mars 1974, pp. 1 et 22.

109. Discours prononcé le 13 avril 1969 aux deuxièmes assises nationales de l'Union des jeunes pour le progrès (Strasbourg), *Espoir*, n° 2, janv. 1973, pp. 97–9.

110. In Philippe Labro, « Rencontre avec André Malraux », *Le Journal du dimanche*, n° 1229, 14 juin 1970, p. 2.

111. Karl Marx, Postface de la deuxième édition allemande, *Le Capital*, t. I (Paris, Éditions Sociales, 1976), p. 21.

112. André Malraux, « Pour la survie de notre civilisation », *Le Figaro littéraire*, n° 1494, 4 janv. 1975, p. 14.

TABLE

ARCHIVES DES LETTRES MODERNES
études de critique et d'histoire littéraire
collection fondée en 1957 par Michel MINARD

*

Cette collection n'est pas périodique mais on peut souscrire des abonnements aux cahiers **à paraître** (sans effet rétroactif) regroupés en livraisons d'un nombre variable de pages, donc de cahiers.
(tarif valable à partir d'août 1998)

60 cahiers **à paraître** : FRANCE-ÉTRANGER : **690 F**
+ frais de port (septembre 1998)
suivant zones postales et tarifs en vigueur à la date de facturation
France : **78 F**   Étranger : zone 1 (Europe, Algérie, Tunisie, Maroc) : **42 F**
zone 2 (autres pays) : **69 F**
les souscriptions ne sont pas annuelles et ne finissent pas à date fixe

————————— **services administratifs et commerciaux** —————————
MINARD — 45, rue de Saint-André — 14123 Fleury-sur-Orne
Fax : 02 31 84 48 09   Tél. : 02 31 84 47 06
e-mail : minard.lettresmodernes@wanadoo.fr

ARCHIVES DES LETTRES MODERNES 279

ISSN 0003-9675

cette livraison a été servie aux souscripteurs au titre des cahiers 640–645

Hector McGILLIVRAY

Malraux
et la révolte irrationnelle
politique, histoire et culture

ISBN 2-256-90473-3 (08/2000)
MINARD 70F (08/2000)

LETTRES MODERNES MINARD
est la marque éditoriale commune des publications de
éditorat des lettres modernes, minard lettres modernes, librairie minard
10 rue de Valence, 75005 PARIS   45 rue de St-André, 14123 FLEURY/ORNE
Tél. : 01 43 36 25 83   Fax : 02 31 84 48 09   Tél. : 02 31 84 47 06

exemplaire conforme au Dépôt légal d'août 2000
bonne fin de production en France
Minard 45 rue de Saint-André 14123 Fleury-sur-Orne